Schweinfurt – Kleine Stadtgeschichte

Thomas Horling / Uwe Müller /
Erich Schneider

Schweinfurt

Kleine Stadtgeschichte

VERLAG FRIEDRICH PUSTET
REGENSBURG

UMSCHLAGMOTIV

Ansicht der Reichsstadt Schweinfurt von Süden. – Radierung von Matthäus Merian d. Ä. (oder Werkstatt) nach einer Vorlage des Reichsvogtes Johann Herman 1646/1648 für die »Topographia Franconiae«. Koloriertes Exemplar aus der Bibliothek Wilhelms III. v. Oranien (Museen und Galerien der Stadt Schweinfurt, M-2432 alt).

BIBLIOGRAFISCHE INFORMATION DER DEUTSCHEN NATIONALBIBLIOTHEK

Die Deutsche Nationalbibliothek verzeichnet diese Publikation in der Deutschen Nationalbibliografie; detaillierte bibliografische Angaben sind im Internet über http://dnb.d-nb.de abrufbar.

ISBN 978-3-7917-2609-0

Reihen-/Umschlaggestaltung und Layout: Martin Veicht, Regensburg
Satz: Vollnhals Fotosatz, Neustadt a. d. Donau
Druck und Bindung: Friedrich Pustet, Regensburg
Printed in Germany 2014

Diese Publikation ist auch als eBook erhältlich:
eISBN 978-3-7917-6032-2 (epub)

Weitere Publikationen aus unserem Programm
finden Sie auf www.verlag-pustet.de
Kontakt und Bestellungen unter verlag@pustet.de

Inhalt

Vorwort 7

Schweinfurt im Mittelalter 9
Anfänge im Dunkeln – Die Entstehung der Reichsstadt / *Bedeutung des Namens Schweinfurt* / *Judith von Schweinfurt* / Königliche Privilegien für den »Stadtstaat« / Bürgeraufstände und Ratsverfassung / Stadtverwaltung: Ämter und Bediente / *Die reichsstädtischen Ämter* / Reich und Stadt – Schweinfurt als Reichsstand / Kunstdenkmäler des Mittelalters

Schweinfurt in der Epoche des Konfessionalismus 25
Bauernkrieg / Reformation / *Kirchenordnung 1543* / Zweites Stadtverderben und Wiederaufbau / *Bericht der Olympia Morata über die Zerstörung Schweinfurts 1554* / Aufnahme von Exulanten in der Gegenreformation / *Balthasar Rüffer* / Wirtschafts- und Sozialstruktur / Verhältnis zum Hochstift Würzburg / Geistiges Leben / *Leopoldina – Nationale Akademie der Wissenschaften* / Dreißigjähriger Krieg / Kunstdenkmäler der Renaissance

Schweinfurt vom Ende des Dreißigjährigen Krieges bis zur endgültigen Eingliederung in das Königreich Bayern 46
Reichskriege und Fränkischer Reichskreis / Sozial- und Wirtschaftsstruktur / *Die »grosse Policey-Ordnung« von 1716* / *Statistik 1803* / Aufklärung: »Maßregeln zu geistigen Fortschritten und materieller Wohlfahrt« / *Friedrich Rückert* / Aufklärung: Die Pädagogen Johann Peter Voit und Johann Kaspar Bundschuh / Revolutionskriege / *Die Geiseln von Givet* / Erste bayerische Besitzergreifung 1802 / Reform von oben / Von Bayern nach Bayern / Königlich bayerische Stadt zweiter Klasse – Das Gemeindeedikt von 1818 / Barocke Kultur

Vom Biedermeier bis zum Ende der Monarchie: Schweinfurt im »langen« 19. Jahrhundert 64
Biedermeier und Frühindustrialisierung / *Das Schweinfurter Grün* / Das revolutionäre Schweinfurt I: 1848/49 / Zwischen den Zeiten – die Ära Schultes / Bau- und Kunstdenkmäler des 19. Jahrhunderts / Gründerjahre / *Die Kugelmühle* / Krise und Boom I: Industriegeschichte 1898–1918 / *Das Kugellager* / *Die Torpedonabe* / Im Wilhelminischen Zeitalter – die Ära Söldner

Zwischen den Weltkriegen **94**
Das revolutionäre Schweinfurt II: 1918/19 / Ein demokratisches Gemeinwesen (1919–1932) / Krise und Boom II: Industriegeschichte 1919–1939 / Schweinfurt in der NS-Zeit (1933–1939)

Zweiter Weltkrieg und Wiederaufbau **108**
Im Zweiten Weltkrieg / Nachkriegsjahre: Wiederaufbau (1945–1956) / Krise und Boom III: Industriegeschichte 1945–1980 / *Der Sachs-Motor* / Starke Sozialdemokraten: Wichtermann und Petzold / *Die Schweinfurter Schlachtschüssel* / Bau- und Kunstwerke des 20. und beginnenden 21. Jahrhunderts / *Das Museum Georg Schäfer*

Nach dem Ende des Wachstums **139**
Krise und Boom IV: Industriegeschichte 1980–2014 / Die Grieser-Jahre (1992–2010) / Die Kugellagerstadt

Anhang **152**
Literatur / Schweinfurt in Kürze / Bildnachweis / Zeitleiste / Karte von Schweinfurt / Ortsregister (Schweinfurt) / Ortsregister (allgemein) / Personen und Firmen

Vorwort

791 ist der Name Schweinfurt erstmals urkundlich erwähnt, 1282 sind Rat und Bürger als politisch Handelnde bezeugt, der Status als Reichsstadt geklärt. Immer wieder musste die einzige Reichsstadt in Mainfranken mit den benachbarten Würzburger Bischöfen, seit Einführung der Reformation 1542 auch konfessionell im Gegensatz, um ihre staatliche Unabhängigkeit ringen. Die Annexion durch Bayern 1802 ermöglichte auf lange Sicht den Aufstieg zur Industriestadt. Auf die zunächst dominierende chemische Industrie folgte im späten 19. Jh. die bald weltweit agierende Wälzlagerindustrie, und aus dem Inferno des strategischen Luftkrieges gegen die Kugellagerproduktion 1943 bis 1945 erstand in Wirtschaftswunderzeiten die neue »Stadt der Kugellager und des Sports«, die »Schulstadt« und seit den 90er-Jahren die Stadt der »Industrie und Kultur«.

Den letzten Versuch einer Gesamtdarstellung der Schweinfurter Stadtgeschichte hat vor 100 Jahren Fritz Lunkenbein unternommen. Trotz einer Vielzahl in den vergangenen Jahrzehnten vorgelegter Detailstudien fehlen derzeit noch wissenschaftliche Untersuchungen für wichtige Epochen (v. a. die Weimarer Zeit, den Nationalsozialismus und den Wiederaufbau), weshalb eine »große« Schweinfurter Stadtgeschichte weiterhin ein Desiderat bleiben muss. Die hier trotz dieses Befundes vorgelegte *Kleine Stadtgeschichte* gibt einen Überblick über die Geschichte einer der wichtigsten bayerischen Industriestädte. In eigenen Kapiteln erfährt die Geschichte der hier ansässigen, seit mehr als 100 Jahren weltweit tätigen Großunternehmen erstmalig eine vergleichende Darstellung. Aber auch die Sozialgeschichte, Politik, Architektur und Kunst finden gleichermaßen Berücksichtigung. Ein besonderer Schwerpunkt liegt dabei – seiner Bedeutung für die Stadt entsprechend – auf dem 20. Jh.

Gemäß ihren langjährigen Forschungsinteressen sind für die einzelnen in enger Abstimmung entstandenen Teile der gemeinsamen Publikation drei Autoren verantwortlich: Uwe

Müller befasste sich mit der Geschichte der Reichsstadt Schweinfurt bis zum Übergang an Bayern, Thomas Horling behandelt die Entwicklung Schweinfurts im 19. und 20. Jh., und Erich Schneider umreißt die Schweinfurter Kunst- und Baudenkmäler des Mittelalters (S. 20–24), der Renaissance (S. 40–45), des Barock (S. 62–63), des 19. Jhs. (S. 77–81) und des 20./21. Jhs. (S. 131–138).

Schweinfurt, August 2014
Die Autoren

Schweinfurt im Mittelalter

Anfänge im Dunkeln – Die Entstehung der Reichsstadt

Die durch archäologische Streufunde in die Merowingerzeit datierbare erste Siedlung mit dem Namen Schweinfurt – an der nordöstlichen Spitze des Maindreiecks gelegen, zwischen Höllenbach und Marienbach – ist urkundlich ab 791 bezeugt: Hiltrih übereignet dem Kloster Fulda am 12. September dieses Jahres Besitz »in Suuinfurtero marcu«.

Auf der östlich des heutigen Stadtzentrums gelegenen Peterstirn errichteten die Markgrafen von Schweinfurt im 10. Jh. ihre Stammburg. Ihr Einflussbereich erstreckte sich in dieser Zeit vom Frankenwald bis zu Regen und Donau, vom Mainknie bei Schweinfurt bis zu Fichtelgebirge und Böhmerwald. Das wohl als Sühnestiftung im Zusammenhang mit der Erhebung

BEDEUTUNG DES NAMENS SCHWEINFURT

Die ältesten der vielen Deutungsversuche des Namens Schweinfurt gehen auf berühmte Humanisten der ersten Hälfte des 16. Jhs. zurück. Während sich der aus Schweinfurt gebürtige Johannes Cuspinian (1473–1529) in Analogie zu Haßfurt und Ochsenfurt für die Ableitung vom Tier ausspricht, konstruiert Beatus Rhenanus (1485–1547) eine Ableitung vom Stamm der Sweben, d. h. Schwaben, die in der Völkerwanderungszeit die hiesige Furt des Mains passiert haben sollen. Die historische Sprach- und Namenforschung zieht seit Jahrzehnten als Grundwort althochdeutsch furt (›Furt‹) und als Bestimmungswort swīn (›Schwein‹) heran, woraus als Namenserklärung »für Schweine gangbare Furt« bzw. »Furt, an der sich (Wild-)Schweine aufhalten« folgt (Reitzenstein, S. 206). 1991 hat Jakob Amstadt den Namen Schweinfurt im Zusammenhang mit einem germanischen Fruchtbarkeitskult ebenfalls auf das Tier zurückgeführt. Von der dem Götzen »Lollus« gewidmeten heidnischen Opferstätte und dessen sagenhaftem Standbild berichten auch die alten Stadtchronisten.

Darstellung des Lollus. – Lithografie von Friedrich Kornacher.

Markgraf Hezilos gegen Heinrich II. (1003) von der Markgrafenmutter Eila errichtete Nonnenkloster auf der Peterstirn wurde noch vor Mitte des 12. Jhs. in ein Männerkloster des Benediktinerordens umgewandelt. Die lokalen markgräflichen Güter einschließlich des Hausklosters gelangten auf dem Erbwege in den Besitz des Hochstifts Eichstätt (1122), dessen Rechte das Benediktinerkloster auf der Peterstirn wahrnahm; es wurde 1263/1265 auf Betreiben des Würzburger Bischofs an den Deutschen Orden übergeben.

Oberhalb der markgräflichen Burg wurde zu einem unbekannten Zeitpunkt eine Reichsburg errichtet. Wohl Kaiser Friedrich I. Barbarossa (reg. 1152–1190) ließ westlich des Marienbachs in Konkurrenz zur nunmehr eichstättischen *villa*, eine neue Siedlung anlegen. Eine *civitas imperii* (Reichsstadt) entstand, gelegen an einer Furt am Main und am Kreuzungspunkt der wichtigen Straßen vom Spessart/Untermain über das Werntal nach Osten zum Obermain und von Nürnberg nach Norden über den Thüringerwald nach Erfurt. Bald schon wurde der Fischerrain, eine alte Fischersiedlung am Main, in die neue Gründung einbezogen. 1230 ist erstmals urkundlich vom »oppidum Swinfurthe« die Rede. Eine Stadtrechtsverleihung ist jedoch nicht nachweisbar.

BIOGRAFIE

JUDITH VON SCHWEINFURT

Markgraf Hezilo (Heinrich) erhob sich 1003 gegen König Heinrich II., der ihm die erhoffte Belehnung mit dem bayerischen Herzogtum verweigert hatte. Die daraufhin verhängte Reichsexekution machte auch vor der Burg Schweinfurt nicht Halt. Hezilos Mutter Eila konnte allerdings eine vollständige Zerstörung verhindern. Er selbst wurde bald darauf vom König begnadigt. Seine Tochter Judith (ca. 1005–1058) heiratete in den 1020er-Jahren den böhmischen Herzogssohn Bretislav. An die sich um die Hochzeit der beiden rankende Sage vom gewaltsamen Brautraub durch Bretislav und dem verlorenen roten Schuh der Judith erinnert noch heute das durch Karl Sattler (um 1871) angebrachte Relief auf der Peterstirn mit dem Schuh samt fingiertem Entführungsdatum 7. Juli 1021. Nachdem Bretislav das böhmische Herzogsamt übernommen hatte, residierte er mit seiner Gemahlin bis zu seinem Tode 1055 auf der Prager Burg. In den Wirren des Nachfolgestreits zwischen seinen Söhnen flüchtete Judith an den ungarischen Hof, wo sie am 2. August 1058 starb. Ihr Sohn Vratislav, 1085 zum ersten böhmischen König gekrönt, ließ die Gebeine der Stammmutter des böhmischen Königsgeschlechtes der Přemysliden nach Prag in den Veitsdom überführen.

Der Baubeginn der St. Johanniskirche wird in das ausklingende 12. Jh. datiert, erst 1325 wird sie erstmals als Pfarrkirche genannt. Das Patronat stand dem Würzburger Stift Haug zu. Beamte des Reichs und eine Münze sind in Schweinfurt in einem Mandat König Heinrichs (VII.) (reg. 1220–1235) vom 21. November 1234 bezeugt. Ob eine erste Zerstörung der Reichsstadt Schweinfurt Anfang der 1240er-Jahre, das sog. Erste Stadtverderben, schon in den Auseinandersetzungen der Würzburger Bischöfe mit den Hennebergern oder erst wenige Jahre später im Kampf um das Erbe der 1248 ausgestorbenen Andechs-Meranier erfolgte, ist bisher ungeklärt.

Der Versuch des Deutschen Ordens, alte markgräfliche bzw. eichstättische Gerichtsrechte zu reaktivieren und auf die mittlerweile westlich des Marienbachs entstandene neue Reichsstadt auszudehnen, schlug fehl. In einem Spruch vom 29. April 1282 entschied König Rudolf über die Abgrenzung der Rechte. Erstmals sind hier die Stadt und ihre Bürger als politisch handelnde Subjekte und der Vogt als Vertreter des königlichen Stadtherrn fassbar.

Königliche Privilegien für den »Stadtstaat«

An der Wende vom 13. zum 14. Jh. kann von einem gewissen Abschluss der allmählichen Stadtwerdung gesprochen werden: Das Satzungsrecht lag beim Rat, zwölf Ratsherren des obersten Kollegiums fungierten zugleich als Schöffen des Stadtgerichts. Das erste bekannte Stadtsiegel (bezeugt ab 1306) zeigt den Reichsadler mit der Legende: »S[IGILLVM] B[VR]GENSIV[M] DE SWEINVORT Q[VOD] HABENT DE GRA[TIA] REGIS«.

Die Verpfändung der Reichsstadt – damals ein gern angewandtes Mittel, um der Geldnot von König und Reich abzuhelfen – an die Grafen von Henneberg-Schleusingen (1309) und der Weiterverkauf einer Pfandhälfte an den Würzburger Bischof (1354) brachten für die Stadt die Gefahr, dem Reiche auf Dauer entfremdet zu werden. Nach der Selbstauslösung unter großen finanziellen Opfern (gegenüber Henneberg 1361,

Ältestes Siegel der Stadt Schweinfurt in einem Abdruck aus dem Jahr 1364.

gegenüber Würzburg 1385) trat die Stadt schließlich dem Schwäbischen Städtebund, einem Schutzbündnis der Reichsstädte zur Wahrung ihrer Unabhängigkeit, bei.

In der Folgezeit stärkte eine stattliche Zahl königlicher Privilegien die Kommune nicht nur in rechtlicher, sondern auch in wirtschaftlicher Hinsicht: Stadt- und Landgericht, Satzungsrecht, Selbstergänzungsrecht des Rates, *privilegium de non evocando* (d. h. Nichtzuständigkeit fremder Gerichte über die Einwohner Schweinfurts), *privilegium de non alienando* (d. h. Nichtverpfändungsprivileg), Kaufhaus, freie Amtmannswahl (1361, 1362); Nutzung des Mains (1397); Ablösbarkeit des Amtmanns, Bündnisrecht (1427); Blutbann (d. h. Hochgerichtsbarkeit; 1443); Recht, den Reichsvogt aus den Reihen des Rats und der Bürgerschaft zu wählen (1568); *privilegium de non appellando* bis zu einem Streitwert von 200 Gulden (d. h. Ausschluss der Appellation an Reichsgerichte; 1570). Damit lag alle Macht (Legislative, Exekutive, Judikative) beim Inneren Rat, dessen dominierende Rolle auch durch die soziale Konflikte offenlegenden

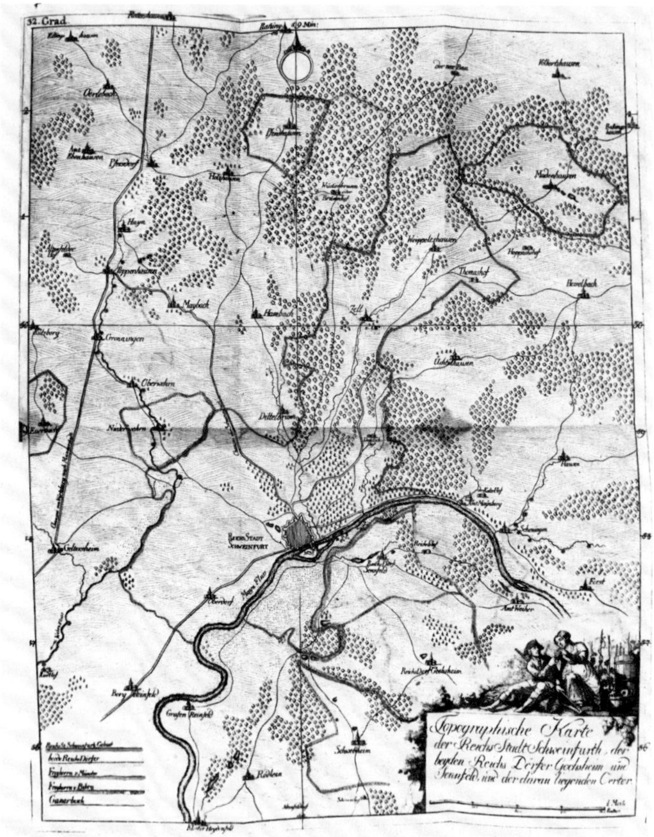

Karte des Territoriums der Reichsstadt Schweinfurt mit Oberndorf, Zell, Weipoltshausen und der Exklave Madenhausen.

Verfassungskämpfe (1446/1450 und 1513/1514) nicht angetastet werden konnte. Mit der Einführung der Reformation 1542 konnte der Innere Rat auch die Kirchenhoheitsrechte an sich bringen.

Ein eigenes Territorium erwarb Schweinfurt mit Oberndorf (1436) von den Herren von Thüngen und den Besitzungen des Deutschen Ordens mit den Dörfern Zell und Weipoltshausen (1437). Durch diese Erwerbungen wurde eine beträchtliche Erweiterung der Stadt von 14 ha auf 43 ha in nordwestlicher Richtung möglich. Nach dem Erwerb der Exklave Madenhausen (1620) umfasste dieses Territorium, dessen Einwohner zum Rat in einem Untertanenverhältnis standen, also kein Bürgerrecht genossen, 53 km^2.

Bürgeraufstände und Ratsverfassung

Die Kodifizierung, also Festschreibung der Ratsverfassung wurde ausgelöst durch die gescheiterten Bürgeraufstände von 1446 bis 1450 (»Große Ratsverstörung«) und 1513/1514 (»Aufruhr in der Gemeinde«). In beiden Fällen waren die Ursachen im Wesentlichen gleich: Die Beschränkung des Inneren Rates auf wenige Familien, Steuererhöhungen und die fehlende Rechnungslegung vor der Gesamtgemeinde hatten zu Unmut unter der Bevölkerung geführt. Die nach der Niederschlagung des Aufruhrs am 13. Juni 1514 vom Schweinfurter Reichsvogt Graf Wilhelm von Henneberg und kaiserlichen Commissarien errichteten »Statuta und Ordnungen« blieben als maßgebliches Verfassungsstatut – abgesehen von den Modifikationen 1776 – bis zum Ende der reichsstädtischen Epoche in Kraft. Ein drakonisches Strafgericht – neben fünf Enthauptungen (Philipp Horst, Steinmetz; Valentin Braun, Schneider; Albert Apel, Büttner; Klaus Rudolf, Häcker; Kunz Kaufmann, Häcker) wurden rund 20 weitere Körper-, Geld- und Ehrenstrafen sowie Stadtverweise vollstreckt – besiegelte das Scheitern der Bemühungen der Gemeinde um angemessene politische Beteiligung. Die Arbeit der »Handwerke« oder Zünfte war auch in Zukunft nur unter strenger obrigkeitlicher Regelung möglich.

Bis 1776 bestand demnach der eigentliche Rat der Stadt, der Innere Rat, aus 24 Mitgliedern in drei Kollegien: 1. Geheimer Rat oder Kollegium der sechs Sechserherren *(sexviri)* oder Bürgermeister *(consules)*, 2. Kollegium der sechs Schöffen oder Gerichtsherren *(scabini)*, 3. Kollegium der zwölf Ratsherren *(senatores)*. Die beiden ersten Kollegien wurden der »Zwölfer Rat« genannt, das dritte der »Vierundzwanziger Rat«. Neben dem Inneren Rat bestand der Äußere Rat als »Zwölferkollegium« oder »Zusatz« aus wiederum zwölf Mitgliedern, Zusätzer *(assessores)* genannt. Außerdem gab es den »Achterstand«, einen Bürgerausschuss aus acht Mitgliedern (Achterherren), dessen Hauptaufgabe die Abhörung der Jahresrechnungslegung war, der aber auch bei Steuerfestsetzungen, Schuldenaufnahme, Kriminalsachen und anderen wichtigen Punkten stimmberechtigt zugezogen wurde. Der Oberbürgermeister *(consul regens)* ging stets aus dem Kollegium der Sechserherren hervor. Der Inhaber dieses Amtes wechselte zunächst halb-, ab 1617 vierteljährlich. Er fungierte als Primus inter Pares. Die Wahl in den Rat erfolgte grundsätzlich auf Lebenszeit, wobei das aktive Wahlrecht ausschließlich den Mitgliedern des Inneren und des Äußern Rates (Selbstergänzungsrecht) zustand und nur vakant gewordene Ratsstellen neu besetzt wurden. Bei der Ratsreform 1776 wurde der Innere Rat um acht (zwei Bürgermeister, zwei Schöffen, vier Senatoren) auf 16 Mitglieder reduziert.

Wählbar war jeder unbescholtene Bürger. Zu nahe Verwandtschaftsgrade (»Gefreundete«) waren von der Wahl ausgeschlossen; maßgeblich war die in der Ratsstube aushängende »Bluttafel«, ergänzt 1608 durch eine strenge Ordnung über das obligatorische »Austreten« aus den Ratssitzungen bei persönlicher Betroffenheit. Abgesehen von diesen Einschränkungen hatte jeder Bürger prinzipiell die Möglichkeit, über die Wahl in den Zusatz letztlich bis zum Reichsvogt aufzusteigen. Seit dem 16. Jh. ist allerdings die Herausbildung eines »Gelehrtenpatriziats« festzustellen, da der Rat offensichtlich akademisch gebildeten Nachwuchs bevorzugt kooptierte. Neben diesem Bildungsprivileg schränkte vor allem der soziale Status (1585 gehörten alle Ratsmitglieder der Oberschicht an) die theoretische Möglichkeit der vertikalen Mobilität aller Bürger in der Ratslaufbahn ein.

Stadtverwaltung: Ämter und Bediente

Die eigentlichen Verwaltungsarbeiten wurden nicht im Rat, sondern in den städtischen Ämtern mit festbestallten Bediensteten geleistet. Die Zahl der Ämter, die von den Ratsmitgliedern geleitet wurden, schwankte je nach Aufgabenanfall, stieg jedoch immer mehr an. Die Ämterordnung von 1607 führt 33 Ämter auf, für das späte 18. Jh. sind bis zu 53 Ämter nachgewiesen.

Zur Erfüllung ihrer vielfältigen Aufgaben verfügte die Stadt über eine Reihe hauptamtlicher, besoldeter Bediensteter. Sie gliederten sich in die »Bedienten« (mit oder ohne akademische Ausbildung) und die »niedere Dienerschaft«. Unter den studierten »Bedienten« ragten die Mitglieder der Geistlichkeit, die der Ratskanzlei (früher Stadtschreiberei) und der Stadtphysikus heraus, da sie als einzige ihr Amt ohne zeitliche Begrenzung übertragen bekamen. Studierte Ratsbedienstete waren der Botenmeister, der expedierende Sekretär, der Visierer, der Spitalherr, der Gegenschreiber des Spitals, der Zehntkeller, zwei Mühlschreiber, der Zöllner und der Mödlermeister; nichtstudierte Bedienstete waren der Ratsapotheker mit zwei Gesellen, der Chirurg, der Feldmesser, der Waagenmeister, die Müllermeister mit den Mühlknechten, die Wehrmeister, ein Ziegler, ein Kalkbrenner und die Offiziere. »Niedere Diener« gab es um 1800 rund 90, u. a. Boten, Rehjäger, Feldbesichtiger, Stein-

DIE REICHSSTÄDTISCHEN ÄMTER IN ALPHABETISCHER REIHENFOLGE

Almosenpflegamt, Apothekenamt, Bauamt, Bethamt, Bretteramt, Brot- und Weckwägeramt, Bußamt, Comissamt, Consistorium, Datzamt, Dorfvorsteheramt, Feuerstättenbesichtigeramt, Fleischaccisamt, Fleischschätzeramt, Forstamt, Getreideamt, Grundzinsamt von der Haardt, Handwerksdeputatus, Handwerksgefällamt, Helfamt, Hospitalpflege, Justiramt, Kastenamt und Lazarettamt, Kirchen- und Schulamt, Mühlamt, Nachsteueramt, Oberbürgermeisteramt, Obereinnahme, Obervormundschaftsamt, Polizeigericht oder Polizeiamt, Quartieramt, Reiche Schüsselstiftung, Restantenamt, Salzamt, Schoßamt und Pulveramt, Schutzamt, Siechamt, Soldatenamt, Spinninstituts-Verwaltung, Stätte- und Hausieramt auch Marktmeisteramt, Steinsetzeramt, Steueramt, Torschließeramt, Umgelderamt, Unterbürgermeisteramt, Untergangsamt, Viehmarktsdeputation, Wachamt, Weinamt, Wollentuch-Schau- und Siegelamt, Zehntamt, Zinsamt, Zollamt.

setzer, Zolleinnehmer, Torschließer, Nachtwächter. Außer mit »policeylichen Aufgaben« im Wirtschaftsleben waren die Ämter mit der Wahrnehmung der städtischen Monopole bzw. Quasimonopole betraut. Hierunter fielen Mühlenbann, Apotheke, Braubann, Bretterhandel, Salzhandel, Herstellung von Backsteinen und Ziegeln sowie Handel mit Pulver.

Reich und Stadt – Schweinfurt als Reichsstand

Das Heilige Römische Reich gewährte der Reichsstadt nicht nur den zur Wahrung der Eigenstaatlichkeit notwendigen Schutz und Schirm, sondern forderte seinerseits Rat und Hilfe *(auxilium et consilium)*, vorwiegend in Form finanzieller Zuwendungen – sei es als Stadtsteuer, Gemeiner Pfennig, Türkenhilfe zur Abwehr der Bedrohung durch das Osmanische Reich, Reichs- und Kreisrömermonat, Kammerzieler zur Finanzierung des Reichskammergerichtes oder Gebührenentrichtung für Privilegienbestätigungen beim Herrscherwechsel. Die Höhe eines Römermonats – d. h. der Monatssold für die Aufstellung von Truppenkontingenten des Reiches bzw. der Reichskreise (ursprünglich auf den Zug nach Rom zur Kaiserkrönung bezogen) – wurde für Schweinfurt in der Wormser Reichsmatrikel 1521 mit 5 Reitern und 36 Mann zu Fuß, bzw. 204 Gulden festgelegt, später aber gesenkt. Im Vergleich zum kleinen Schweinfurt hatte die reichsstädtische Metropole Nürnberg mehr als das Siebenfache zu leisten (40 Reiter, 250 Mann, 1480 fl.).

Neben den jährlich zu entrichtenden 100 Gulden Stadtsteuer und 100 Gulden für den Schutzherrn sind für das 15. Jh. die Ausgaben für Gesandtschaften an den königlichen Hof und Privilegienbestätigungen zu ermitteln: z. B. 1437 für die Goldene Bulle und die kaiserliche Bestätigung des Kaufs des Deutschen Hauses 240 Gulden,1447 für drei Gesandtschaften zum Römischen König 570 Gulden, 1497/98 für Privilegienbestätigungen 152 Gulden. Außerdem sind uns die Ausgaben für die »Reisen«, die militärischen Unternehmungen von König und Reich, bekannt: u. a. 1474 nach Neuss gegen Karl den Kühnen von Burgund 618 Gulden, 1481/1482 nach Österreich gegen

St. Johannis von Südosten. Die seit 1542 evangelische Hauptkirche der Stadt spiegelt die verschiedensten Bauphasen vom 12. bis zum 18. Jahrhundert. – Aufnahme um 1900.

Matthias Corvinus von Ungarn 754 Gulden, 1486 gegen den König von Ungarn und Türkenhilfe 1247 Gulden, 1488 nach Gent und Flandern zur Befreiung König Maximilians aus der Gefangenschaft in Brügge 560 Gulden, 1491 gegen Ungarn 312 Gulden, 1492 Zug auf das Lechfeld gegen Herzog Albrecht von Baiern-München 360 Gulden, 1495 gegen Türken und Franzosen 100 Gulden, 1499 an den Bodensee gegen die Schweizer 790 Gulden. In späteren Jahren mussten von der Stadt noch wesentlich höhere Summen aufgebracht werden.

Die unmittelbare Zugehörigkeit zum Reich und die damit einhergehenden Verpflichtungen gewährleisteten die Eigenstaatlichkeit der Reichsstadt und ermöglichten eine aktive Außenpolitik der Stadt im Rahmen des Reichsverbandes. Als Beispiele seien hier nur der Beitritt zum Schwäbischen Städtebund

1385 – nach der Selbstauslösung aus der Verpfändung – und der Beitritt zur Protestantischen Union 1609 genannt.

Seit 1471 entwickelte sich parallel zur Entstehung des Reichstages der allgemeine Städtetag. Schweinfurt fand dabei besonderen Rückhalt an Nürnberg, dessen Experten Gutachten in verfassungsrechtlichen und militärischen Fragen für die Schweinfurter erstellten. An 19 von 27 Städtetagen zwischen 1445 und 1549 nahm Schweinfurt mit eigenen Delegierten teil, ansonsten ließ es sich durch Nürnberg vertreten. Die konstituierende Versammlung des Fränkischen Reichskreises fand 1517 in Schweinfurt statt. Ein Reichstag in den eigenen Mauern, der die finanziellen Möglichkeiten der kleinen Stadt weit überstiegen hätte, blieb Schweinfurt erspart.

Kunstdenkmäler des Mittelalters

Aus der Zeit vor der Zerstörung der Stadt von 1554 während des Markgräfler Krieges sind nur wenige Denkmäler erhalten. Außer einem Sarkophag hat sich von einer dem Apostel Petrus geweihten *Burg- bzw. Klosterkirche auf der Peterstirn* aus dem 9. / 10. Jh. kaum etwas überliefert. Seit 1283 dem Deutschen Orden gehörend, erwarb die Reichsstadt 1437 das Areal und brach Burg und Kirche ab. Auch die um 1000 gegründete *Pfarrkirche St. Kilian* auf dem Kiliansberg wurde nach der Verlegung der Stadt im 13. Jh. überflüssig – sie wurde ohne sichtbare Spuren abgebrochen. Gleiches gilt für eine Ende des 14. Jhs. beim Zeughaus als Ersatz dafür errichtete *Kilianskapelle.* Ihre Reste wurden 1953 demoliert; nur der Schlussstein des Chorgewölbes mit Darstellung St. Kilians wird im Museum Altes Gymnasium aufbewahrt.

Mittelalterlichen Ursprungs ist die *Pfarrkirche St. Johannis* am Nordrand der Altstadt. 1987 konnte ein Chor des späten 12. Jhs. nachgewiesen werden, der dem von 1411 vorausging. Einer der ältesten Teile ist die wohl von 1237 stammende Kapelle im Nordturm. Den Raum dominiert die Statue einer sitzenden Madonna mit Jesuskind aus der Zeit zwischen 1290 und 1320. Im Jahr 1325 ist St. Johannis als Pfarrkirche der Reichsstadt zu

St. Salvator. Der mittelalterliche Chor wurde zwischen 1717 und 1719 in den barocken Neubau einbezogen. Damals erhielt der Turm seine kuppelige Haube mit doppelter Laterne. – Aufnahme vor 1945.

belegen. Damals entstand das dreischiffige, basilikale Langhaus. 1469 fand die Erweiterung des nördlichen Seitenschiffes mit der Heilig-Grab-Kapelle dort ihren Abschluss. 1554 wurde St. Johannis schwer beschädigt. Als einer der ersten Großbauten war die Kirche 1562 wiederhergestellt. Dabei erhöhte man den Turm und gab ihm seine Kuppelhaube. In die Zeit nach 1562 fällt der Umbau der Heilig-Grab-Kapelle zum »Herrenchor«. Zu seiner Ausstattung gehört ein »Konfessionsbild« des späten 16. Jhs.; Veränderungen, wie die beiden Treppentürme der Westfassade (1620 und 1744), die Erhöhung der Seitenschiffe (1739) oder der Einbau von Emporen, sind in die Zeit des Barock zu datieren.

Reich gegliedert ist die Südfassade des Querhauses mit Rundbogenfries und Spitzbogenblenden im Giebel. Wegen sei-

Ehemalige Spitalkirche zum Heiligen Geist. Die seltene Aufnahme zeigt das 1566 errichtete Kircheninnere vor dem Abbruch im Jahr 1896.

ner Plastik gilt das Brautportal aus dem frühen 13. Jh. als »eine der schönsten Anlagen dieser Art in Franken«. Das »Tauffkörlein« erhebt sich auf der Südseite im Winkel von Langhaus und Querhaus. 1367 stifteten Cunz und Friedrich Rucker den Taufstein, der von Szenen aus dem Leben Johannes des Täufers und Darstellungen der zwölf Apostel geschmückt wird.

Im Inneren zieht der spätgotische, 1411 geweihte Chor die Blicke an. Spolien der Bauskulptur eines romanischen Chores von etwa 1200 sind in die Südseite des Chores eingemauert: Darunter befinden sich eine von einem Frauenkopf (wohl Maria) getragene Laubwerkkonsole sowie ein Schlussstein mit dem Haupt Christi.

Zwei Figuren in von Baldachinen bekrönten Nischen stellen Johannes den Täufer und Johannes den Evangelisten dar – wohl Relikte des 1806 zerstörten Hochaltars von 1484. Eine weitere Figur im Chor ist 1510 datiert: Auf einer Mondsichel stehend und in ein weites, reich gefaltetes Gewand gehüllt, präsentiert die Himmelskönigin den Gottessohn.

Das den Übergang zur Gotik markierende zweijochige Querhaus besticht durch seine beiden freistehenden Bündelpfeiler. Außerdem fällt die reiche Bauplastik bei den Gewölbekonsolen auf. So zeigt jene in der Südwestecke der Vierung einen Steinmetz bei der Arbeit, dem ein Bär auf den Rücken steigt.

Zahlreich sind die Epitaphien: 1369 starb der erste frei gewählte Reichsvogt Konrad von Seinsheim, dessen Grabmal mit dem des Eberhard Wolfskeel († 1379) aus Heiligenthal vergleichbar ist. Außer dem Epitaph des Eberhard von Maßbach († 1482) ist das der Margaretha von Wenkheim († 1552), eine Arbeit aus der Werkstatt des Würzburger Meisters Peter Dell d. J. aus der Nachfolge Riemenschneiders, erwähnenswert.

Zu den mittelalterlichen Kirchen Schweinfurts gehörte die dem hl. Nikolaus geweihte Kapelle des 1294 belegbaren Spitals beim Alten Friedhof. Aus dieser Phase stammt ein Tympanon mit Christus als Pantokrator, angebetet von Maria und dem hl. Nikolaus. Aus der Zeit nach der Umwandlung von *St. Nikolaus* im Jahr 1366 in ein Karmelitenkloster hat sich der mit Kelch und Inschrift gezierte Grabstein des 1523 verstorbenen Priors Georg Ofner im Chor von St. Johannis erhalten. Mit der Reformation endete 1542 die Geschichte des Klosters, das 1554 zerstört werden sollte.

In der Nachbarschaft erhob sich auf der Nordseite der Schultesstraße die vor 1338 von Hans Ki[e]ßling gegründete *Spitalkirche zum Hl. Geist*. 1554 bis auf den mit Kreuzrippen gewölbten Chor zerstört, wurde die Kirche 1566 wieder errichtet. Seit 1803 diente sie als katholische Pfarrkirche, bis sie 1897 für die neoromanische Heilig-Geist-Kirche abgebrochen wurde.

Das 14. Jh. hat mit der zwischen 1313 und 1337 im Südosten der Stadt errichteten *Reichsburg* einen weiteren Beleg hinterlassen. Der Chor der Burgkapelle hat den Abbruch der Anlage ab 1427 überdauert und wurde in die Salvatorkirche einbezogen.

Das Zisterzienserkloster Ebrach führte vor 1491 in der Rittergasse die heute als Stadtbücherei dienende *Zehntscheune* auf. Dort haben sich ein gotisches Maßwerkfenster und eine Ausgussnische als Reste einer Kapelle erhalten.

Mittelalterlichen Ursprungs ist ferner die *Kreuzkirche* im Stadtteil Oberndorf. Aus dem Erbe der Markgrafen von Schweinfurt stammend, geht sie wohl auf eine Wasserburg aus der zweiten Hälfte des 13. Jhs. zurück. Davon ist nur der Rest eines Grabens erhalten. Die einstige Burgkapelle versahen die Oberndorfer gegen 1500 mit einem Anbau an den Altarraum im Erdgeschoss des Turmes. Gekehlte Profile, die aus der Wand wachsen, fügen sich zu einem Kreuzrippengewölbe mit dem »Lamm Gottes« im Schlussstein.

Außerdem gab es im mittelalterlichen Schweinfurt eine 1479 nachweisbare *Synagoge*. Mit dem »Juden-Privileg« Karls V. (1500–1558) von 1555 endete die Geschichte der jüdischen Gemeinde. 1902 wurden aus der Stadtmauer beim Jägersbrunnen drei inzwischen verschollene Grabsteine geborgen. Nur von dem des Rabbi Jekutiel († 1446) hat sich ein Foto erhalten.

Schweinfurt in der Epoche des Konfessionalismus

Der Bauernkrieg und seine Folgen

Die nach der blutigen Niederschlagung des »Aufruhrs in der Gemeinde« 1514 errichteten »Statuta und Ordnungen« garantierten die Vormachtstellung des Inneren Rates bis zum Ende der Reichsstadtzeit. Als im Bauernkrieg die latent fortbestehenden sozialen Spannungen nochmals zum Durchbruch gelangten, ließ der Rat, um das mit den aufständischen Bauern sympathisierende Potential in der Bürgerschaft unter Kontrolle zu behalten, die »Acht von der Gemeinde« um weitere 16 Bürger verstärken und band sie am 20. April 1525 als »Gemeindeausschuss« in alle Entscheidungen ein. Wesentlich bestimmt wurden Letztere durch den geringen politischen Handlungsspielraum, der der kleinen Reichstadt zur Verfügung stand. Isoliert lag sie inmitten des hochstiftisch-würzburgischen Territoriums, das seit April 1525 vom Aufstand erfasst war und sich fast vollständig in der Hand der aufrührerischen Bauernhaufen befand. In den folgenden sechs Wochen unterstützte die Stadt durch Lebensmittellieferungen und Stellung von Mannschaften den Aufstand der Bauern. Von Schweinfurt aus organisierte der »Bildhäuser Haufen«, benannt nach dem Kloster Maria Bildhausen bei Münnerstadt, das Vorgehen gegen den Grafen Wilhelm IV. von Henneberg, dessen Schloss Mainberg am 17. Mai 1525 zerstört wurde.

Nach den vernichtenden Niederlagen der Bauern von Königshofen an der Tauber (2. Juni) und Sulzdorf/Ingolstadt (4. Juni) traf am Abend des 12. Juni 1525 das siegreiche Heer des Schwäbischen Bundes mit 15 000 Mann vor Schweinfurt ein. Die Stadt, die sich auf die Seite der Aufständischen geschlagen hatte, musste sich dem harten Diktat der Sieger beugen: Aufkündigung des Bündnisses mit den Bauern, erneute Eidesleistung auf den Reichsvogt Graf Wilhelm von Henneberg, Entwaffnung, Rückgabe unrechtmäßig erworbenen Gutes, Finanzierung des Wiederaufbaues des Schlosses Mainberg (4566 fl.), eine allgemeine Brandschatzung von 10 fl. rh. pro Haus (ca. 5000 fl.) und die Auslieferung der Haupträdelsführer, die zum Tode verurteilt wurden.

Reformation in Schweinfurt

Nach der Niederschlagung des revolutionären Bauernaufruhrs verfolgte die Stadt frühe reformatorische Ansätze, wie beispielsweise die erste deutsche Taufe (1525), nicht weiter. Ausschlaggebend dafür dürften das gespannte Verhältnis zum Schutzherrn und Reichsvogt, die Insellage inmitten des hochstiftisch-würzburgischen Territoriums und die Abhängigkeit vom Wohlwollen des kaiserlichen Stadtherrn gewesen sein. Wenige Jahre später eröffnete eine grundlegend veränderte reichspolitische Konstellation auch der Reichsstadt Schweinfurt neue Perspektiven zur Einführung der Reformation: Die Kaiser und Reich bedrohende akute Türkengefahr (Belagerung Wiens 1529), die von Karl V. betriebene Wahl seines Bruders Ferdinand zum römischen König (1531) und die Gründung des protestantischen Schmalkaldischen Bundes (1531) zwangen den Kaiser zu einer flexibleren Politik den Protestanten gegenüber.

Zur Vorbereitung des Nürnberger Reichstages 1532, der den Protestanten im »Nürnberger Anstand« gegen Zahlung einer Türkenhilfe die Freiheit in Glaubenssachen bis zu einem künftigen Konzil zusicherte, war in Schweinfurt ein Fürstentag zusammengetreten. Dieser brachte für die Stadt die Vorentscheidung zur Einführung der Reformation. Der im Gefolge des sächsischen Kurprinzen angereiste Hofprediger Georg Spalatin (1484–1545) hielt unter großem Zulauf der Bevölkerung die ersten protestantischen Gottesdienste in Schweinfurt ab.

Parallel zu den durch den »Frankfurter Anstand« von 1539 – einer alle Verwandten der Augsburgischen Konfession einbeziehenden Neuauflage des Nürnberger Religionsfriedens von 1532 – ermöglichten Religionsgesprächen von Hagenau und Worms trat der Rat schließlich mit Luther und Melanchthon wegen eines protestantischen Predigers in Briefkontakt; so überliefert es jedenfalls die Chronik des Johann Laurentius Bausch. Der Rat bereitete trotz einer Intervention Kaiser Karls V. (16. Dezember 1540) den Wechsel in der Reichsvogtei und Schutzherrschaft vor. Unter den Vorzeichen der für Kaiser und Reich bedrohlichen außenpolitischen Lage erscheint die kaiserliche Deklaration vom 29. Juli 1541 auf dem Reichstag zu Regensburg nachgerade »protestantenfreundlich«. Sie scheint auch in der Reichsstadt Schweinfurt den Weg zur offiziellen Durchführung der Reformation endgültig geebnet zu haben.

Anfang Januar 1542 entsendete der Rat seine beiden Mitglieder Nicolaus Sprenger und Ludwig Scheffer an den Hof des Landgrafen Philipp von Hessen. Zweck der Reise waren Verhandlungen wegen der Übernahme der Reichsvogtei, der Schutzherrschaft und der Vermittlung eines gelehrten evangelischen Predigers. Hiermit vollzog der Rat den entscheidenden Schritt zur Reformation. Die Umsetzung der aus der Bürgerschaft kommenden reformatorischen Impulse und der mit der neuen Lehre verbundenen politischen Konsequenzen in konkrete obrigkeitliche Maßnahmen erfolgte im Wesentlichen noch im gleichen Jahr.

Ende März 1542 erklärte sich Landgraf Philipp von Hessen (1504–1567) bereit, Reichsvogtei und Schutzherrschaft zu übernehmen. Der von Philipp nach Schweinfurt abgeordnete Göttinger Superintendent Johannes Sutellius (1504–1575) hielt dort am 11. Juni 1542 seine erste öffentliche Predigt. Am 21. September 1542 führte ihn der Rat in Wahrnehmung des durch den Vollzug der Reformation erworbenen Kirchenhoheitsrechts in die Pfarrkirche St. Johannis ein. Dies geschah gegen den Widerstand des letzten altgläubigen Pfarrers Dr. Johannes Feigenbaum (1494–1554) und unter Ignorierung des Patronatsrechtes des Stiftes Haug. Die von Sutellius verfasste »Schweinfurter Kirchenordnung« erschien bereits 1543 bei Johann Petreius in Nürnberg im Druck.

Das vom Kaiser nach der Niederlage der protestantischen Stände im Schmalkaldischen Krieg diktierte Augsburger Interim von 1548 blieb für die Schweinfurter Reformation auf lange Sicht folgenlos; ebenso die Einquartierung spanischer

Kirchenordnung

Eines Erbarn Raths/
des heiligen Reichs Stat Schwein-
furt in Francken/Wie man sich
beide mit der Lehre vnd Cere-
monien halten solle.

1. Corin. 14.
Lassets alles züchtiglich vnd
ordentlich zugehen.

Titelblatt der Schweinfurter Kirchenordnung von 1543 mit der anonymen Notiz über die angebliche negative Reaktion Martin Luthers.

KIRCHENORDNUNG 1543

Die vom Rat erlassene »Schweinfurter Kirchenordnung« erschien 1543 mit einer Vorrede des Sutellius »Vom Gebrauch, Nutz, vnd besserung der Kirchenordnung, vnd Ceremonien«. Unter dem Motto »Lassets alles züchtiglich vndt ordentlich zugehen« (1. Kor. 14) macht sie bei der Beurteilung der traditionellen Bräuche die Vereinbarkeit mit dem Evangelium zum alleinigen Maßstab und lässt in vielen Fällen – Zeremonien, Bilder, lateinischer Gesang, Feiertage – die Beibehaltung der bisherigen Praxis zu. Nach einer zeitgenössischen handschriftlichen Überlieferung auf dem Titelblatt des abgebildeten Exemplars aus dem Besitz des Hieronymus Rauscher – der 1544 als Diakon in Oberndorf wirkte – soll Martin Luther den Tenor der Schweinfurter Kirchenordnung nicht gebilligt haben: »Diese kirchen ordnung ist D. Martino Luthero zu besichtigung zugeschickt worden mit bitt sie mit einer vorrede zuzieren etc. Die hat er einem rath wider zugeschickt vnd gesagt sie schmeck zu sehr nach dem babstumb köne sie nit approbiren etc.«

Truppen 1550/1551 und die Zerstörung der Stadt im Markgräfler Krieg 1554. Die Bestimmungen des Augsburger Religionsfriedens von 1555 sicherten auch in Schweinfurt den Bestand der Confessio Augustana. Über Ansprüche des Würzburger Domnebenstiftes Haug als Zehnt- und Patronatsherr und des Karmeliterordens konnten in den 1550er-Jahren vertragliche Regelungen erzielt werden.

Zweites Stadtverderben und Wiederaufbau

Nach der militärischen Niederlage Karls V. gegen die Fürstenopposition, die sich im Widerstand gegen die kaiserliche Bevormundung in Religionssachen und die Erbpläne der Habsburger, die sog. »Spanische Sukzession«, formiert hatte, wurde 1552 der Passauer Vertrag ausgehandelt. Dieser brachte zunächst noch keinen »ewigen« Religionsfrieden, aber zumindest einen »Friedstand in der Religion« bis zum nächsten Reichstag. Markgraf Albrecht II. Alcibiades von Brandenburg-Kulmbach (1522–1557) stimmte als einziger der Gegner des Kaisers dem Frieden nicht zu: Im sog. »Zweiten Markgräflerkrieg« verwüstete er in der Folge weite Teile Frankens, um sich ein eigenes Herzogtum unter Säkularisierung der Hochstifte Würzburg und Bamberg sowie unter Brechung der wirtschaftlichen Macht Nürnbergs zu schaffen. Dieses Vorhaben wurde auch Schweinfurt zum Verhängnis, das markgräfliche Truppen im Mai 1553 besetzten.

Am 27. März 1554 begannen die vereinigten Truppen der fränkischen Bundesstände Würzburg, Bamberg und Nürnberg und des Herzogs von Braunschweig mit der Belagerung und Beschießung der Stadt, die sie binnen zehn Wochen sturmreif schossen und aushungerten. Nach dem Abzug Albrechts stürmten die Belagerer bei Tagesanbruch des 13. Juni 1554 die Stadt, plünderten und steckten sie in Brand. Noch am gleichen Tage drang die Landbevölkerung aus den verschiedensten Orten im Umkreis von Stadtlauringen bis Arnstein und von Geldersheim bis Sennfeld haufenweise in die brennende Stadt ein und vollendete binnen neun Tagen das Zerstörungswerk – Entschädigung und Rache suchend für die erlittenen Bedrückungen und Unbilden der Kriegszeit, an denen neben den Landsknechten auch die Einwohner der Stadt nicht unbeteiligt gewesen waren. Die Geschehnisse sollten als »Zweites Stadtverderben« in die Annalen eingehen.

Nach dem Stadtverderben war der Rat entschlossen, die Gelegenheit zu nutzen und die aus der Stadt geflohenen Juden am Wiedereinzug zu hindern. Nach dem Türkensteuerregister von 1542 ist von einer Gesamtzahl von 56 in Schweinfurt wohnhaften Juden auszugehen. Unter dem 3. September 1555 fertigte Karl V. in Brüssel das gewünschte Judenfreiheitsprivileg aus, das das Ende der seit dem 13. Jh. nachweisbaren mittelalterlichen jüdischen Gemeinde bedeutete. Die darin gegebene Begründung, dass die Juden Schweinfurt in »merklichen Schaden und schweren Schuldenlast gesetzt« (StadtASw, U 512) hätten, verweist auf das eigentliche Motiv des Schweinfurter Rates, das in einem Schreiben klar formuliert ist: Es sei unmöglich, dass die Bürger ihre Schulden bei den Juden in Höhe von 8000 fl. tilgen könnten.

ZEITZEUGE

BERICHT DER OLYMPIA MORATA ÜBER DIE ZERSTÖRUNG SCHWEINFURTS 1554

In einem Brief an ihren Freund Celio Secundo Curione vom 25. Juli 1554 schildert die Humanistin Olympia Fulvia Morata (1526–1555) die Schrecken der Besatzung und Zerstörung der Stadt im Markgräfler Krieg 1554: »Denn sobald der Markgraf Albrecht sein Heer wegen der günstigen Lage in Schweinfurt einquartiert hatte, begannen darauf seine Feinde in großer Zahl die Stadt zu belagern [...] und die Mauern Tag und Nacht von allen Seiten mit ihren Geschützen zu beschießen, während wir [...] innerhalb der Mauern durch die Soldaten des Markgrafen viele Gewalttätigkeiten erlitten [...]. Die Stadt war durch den Unterhalt so vieler Soldaten schon gänzlich erschöpft; durch Kontakte mit ihnen hatte fast alle Bürger eine schwere Krankheit ergriffen, so dass die meisten vor Schmerz von einer Geistesverwirrung befallen wurden und als Folge dieser Krankheit der Tod die Hälfte der Einwohner ereilte. [...] Nachdem Gott jene Krankheit vertrieben hatte, wurden wir bald von einer größeren Menge Feinde belagert, die Tag und Nacht die Stadt unter Feuer nahmen. [...] Denn kaum war der Markgraf mit seinem Heer aus der Stadt, als am nächsten Morgen die Soldaten der Bischöfe und der Nürnberger in die Stadt eindrangen, sie plünderten und dann in Brand steckten.« (Olympia Fulvia Morata Briefe, S. 88–92)

Der Wiederaufbau der im Markgräflerkrieg zerstörten Stadt zog sich über mehr als ein halbes Jahrhundert hin. Die damals errichteten repräsentativen öffentlichen Gebäude prägen auch heute noch – nach dem anglo-amerikanischen Bombeninferno des Zweiten Weltkrieges – das Bild des Stadtzentrums: Rathaus (erbaut von Nikolaus Hofmann 1570–1572), Reichsvogtei (1576/1577), Lateinschule/Altes Gymnasium (1581/1582) und Zeughaus (1589–1591). Abgeschlossen sollte der Wiederaufbau erst im Jahre 1615 mit dem Bau des Basteiturmes am Spitaltor und der zugehörigen Bastei sein. Abgesehen von den Arbeiten an der Befestigung im Dreißigjährigen Krieg sollte die Stadt ihr in dieser Zeit gewonnenes Aussehen bis zum Ende der Reichsstadtzeit und in die ersten Jahrzehnte des 19. Jhs. hinein wahren.

Nach den Forschungen Erich Safferts dürfte Schweinfurt bereits wenige Jahre nach dem Stadtverderben seine Vorkriegseinwohnerzahl wieder erreicht haben. Das Bethbuch (Verzeichnis einer Steuer auf Haus- und Grundbesitz und Gewerbe) weist 1557 in den fünf Stadtteilen 651 Bürger/Haushalte nach, woraus Saffert bei einer durchschnittlichen Kinderzahl von drei auf 3255 Einwohner schließt. Der weitere kontinuierliche Zuwachs (1573: 798) wurde Mitte der 1570er-Jahre durch Teuerung und Seuchen gestoppt, erreichte aber bis 1585 wieder 763 Haushalte und 3815 Einwohner. Für 1610 hat Saffert 1090 Bürger ermittelt, also insgesamt 5450 Einwohner.

Aufnahme von Exulanten in der Gegenreformation

Den im Augsburger Religionsfrieden fixierten Grundsatz eines konfessionell einheitlichen Untertanenverbandes begannen die Schweinfurt benachbarten Hochstifte Würzburg und Bamberg und die Fürstabtei Fulda mit Gewalt zu erzwingen. So hieß es für die Protestanten: Rückkehr in die katholische Kirche oder Vertreibung. Protestantische Räte und Pfarrer wurden entfernt. Von den Folgen dieser »territorialstaatlichen Gegenreformation« – die der Würzburger Bischof Julius Echter seit 1583, der Bamberger Bischof Neithard v. Thüngen seit 1591 und der Fuldische Fürstabt Balthasar v. Dernbach seit 1603 durchführten – wurde die protestantische Reichsstadt unmittelbar betroffen: Sie wurde zum bevorzugten Zufluchtsort der um ihres Glaubens willen Vertriebenen, denen nach Entrichtung der sog. Nachsteuer das Verlassen ihrer Heimat unter Mitnahme ihrer Habe gestattet worden war.

Der von Saffert für Schweinfurt errechnete Bevölkerungszuwachs zwischen 1585 und 1610 um 327 Bürger bzw. 1635 Einwohner bedeutet eine Steigerung um knapp 43 % und ist in erster Linie auf den Zuzug von Exulanten zurückzuführen. Der überwiegende Teil der Exulanten stammt aus dem Einzugsbereich des Hochstifts Würzburg: 448 Familien; für Bamberg sind 15 Namen ermittelt, für Hammelburg 12. Die Rekatho-

BIOGRAFIE

BALTHASAR RÜFFER

Eines der seltenen privaten Zeugnisse aus dem Kreis der Glaubensexulanten ist mit den Aufzeichnungen des reichen Würzburger Handelsherrn und Bürgermeisters Balthasar Rüffer (II.) d. Ä. (1534–1599) überliefert. Dessen große Familie konnte sich erfolgreich in Schweinfurt etablieren und reichen Immobilienbesitz erwerben. Rüffers Sohn Balthasar III. (1569–1637) reüssierte zudem seit 1603 als Ratsmitglied: 1619 rückte er in den sog. Sechserstand auf, dessen Mitglieder abwechselnd das Oberbürgermeisteramt versahen. 1635 wurde er zum Reichsvogt und gefreiten Richter gewählt, der höchsten Würde der Reichsstadt. Das Wappen Balthasar Rüffers zeigt drei gefüllte Geldsäcke. Der Sage nach soll es ihm vom Schweinfurter Rat verliehen worden sein aus Dankbarkeit für den Loskauf der Stadt von feindlicher Brandschatzung im Dreißigjährigen Krieg. Die Einträge über Balthasar Rüffers II. von Bischof Julius Echter erzwungene Amtsenthebung und Auswanderung lauten:

»Anno 1587 Den 13. Junii Bin ich auf der Cantzley zu Würtzburg gewesen, und von dem Rhat und andern Amptern Entsetzet worden, durch den Herrn WeyBischoff, den Cantzler Doctor Hartmann. Anno 1588 Den 1. May Bin ich mit meiner lieben Haußfrawen und Kindern Im Namen Gottes von Würtzburg aus gehn Schweinfurth gefharen und daselbsten Unsere Haushaltung angefangen und zu Würtzburg verlaßen müßen Wegen der rechten wharen Evangelisch Christliche Lehr und Glaubens, aus Bevelg deß Hochwirdigen Fürsten und Herrn, Herrn Julij Bischoffen zu Würtzburg.«

(StaatsAWü, Hist. V. MSq 332, f. 178)

lisierung Kitzingens 1629/1630 brachte Schweinfurt nochmals eine Zuzugswelle von 45 Familien.

Die Einwanderungswelle brachte für die Stadt einen bedeutenden Schub nicht nur in der Bevölkerungszahl sondern auch in der Wirtschaftskraft mit sich. Die schnelle wirtschaftliche und soziale Integration der Exulantenfamilien zeigt auch der rasche Aufstieg einer ganzen Anzahl ihrer Mitglieder in die verschiedenen Ebenen der Ratshierarchie bis hin ins Amt des Reichsvogtes.

Balthasar Rüffer III. (1569–1637), Kaiserlicher Richter (Reichsvogt) im Alter von 68 Jahren. – Kupferstich von Jörg Hüpschman, um 1637.

Wirtschafts- und Sozialstruktur

Nach der Bethbeschreibung von 1585 ist bei einer Gesamtzahl von 766 Haushalten von rund 3600 Bewohnern auszugehen. Sowohl der Anteil der Oberschicht am Steueraufkommen (8 % der Haushalte, 30 % des Steueraufkommens bzw. Vermögens; darunter die 44 Ratsmitglieder), als auch der Unterschicht (56 % der Haushalte, 25 % des Vermögens) zeigen ein sozioökonomisches Profil, das charakteristisch für eine Stadt mit entwickeltem, aber auf den lokalen Markt der näheren Umgebung beschränkten Gewerbe und Handel ist. Bestimmend für die Wirtschafts- und Sozialstruktur Schweinfurts war dementsprechend eine zahlenmäßig starke handwerkliche Mittelschicht: Bei etwa 670 steuerzahlenden Haushalten zählte die Stadt fast 280 Handwerker, 80 Häcker und Bauern, rund 50 Fischer, aber nur 36 Kaufleute (1564).

Für den sozialen Status des einzelnen Bürgers war neben Vermögen und Beruf auch die Stadtteilzugehörigkeit bestimmend. Im Fischerrain, der alten Fischersiedlung am Main, und in den nach 1437 entstandenen Stadtteilen Erster Teil Anger und Zweiter Teil Anger, deren Benennung auf die frühere landwirtschaftliche Nutzung des Geländes hinweist, dominierten die ärmeren Haushalte. Hingegen genoss – noch vor der Ersten Halben Stadt – die nördlich gelegene Zweite Halbe Stadt mit Markt und Johanniskirche, das eigentliche Stadtzentrum, das größte Sozialprestige. Dort wohnten die meisten Ratsherren, die wohlhabendsten Kaufleute, Akademiker, Geistliche und Lateinschullehrer.

Schweinfurts Verhältnis zum Hochstift Würzburg

Ohne Zweifel in Zusammenhang mit dem massiven fiskalischen und auch wirtschaftlichen Druck, unter den das Hochstift Würzburg durch den »protestantischen Aderlass« geriet – das Steueraufkommen in Würzburg ging innerhalb von nur vier Jahren von 21 832 fl. (1584) auf 12 817 fl. (1588) zurück –, steht die von Julius Echter, vom Domkapitel und einigen Äbten nach der Herbsternte 1587 verfügte Handelssperre. Diese Maßnahme bedrohte nicht nur die Lebensmittelversorgung der Stadt, sondern ihr Wirtschaftsleben insgesamt. Betroffen war insbesondere der Zwischenhandel der Schweinfurter Kaufleute, die sich in den Zentren Frankfurt, Nürnberg und Leipzig versorgten und ihr Hauptabsatzgebiet im mittleren, nördlichen und südlichen Unterfranken hatten. Erst im Jahr 1594 konnte Schweinfurt mit Hilfe eines Reichskammergerichtsmandates die Aufhebung der »sperrung der victualien« durchsetzen. Konfessionell bedingt kam es zu einer weiteren negativen Eskalation des traditionell bestehenden Konkurrenzverhältnisses (Beitritt zur Protestantischen Union 1609 bzw. zur Katholischen Liga). Dennoch gelang den beiden Ständen noch vor Beginn des Dreißigjährigen Krieges die Regelung einer ganzen Reihe typischer lokaler nachbarlicher Irrungen – wie strittiger Zehnt-, Weide- und Jagdrechte und Markungsgrenzen – und der Abschluss von zwischenstaatlichen Vereinbarungen in Steuer-, Zoll-, Geleit- und Justizangelegenheiten. Festgehalten wurde dies in einem nach längeren Verhandlungen geschlossenen Vertrag vom 13./23. Februar 1618; auch die Aufhebung von 22 anhängigen Rechtsstreiten wurde vereinbart.

Geistiges Leben

Keimzelle des geistigen Lebens in der Reichsstadt wurde die im 13. Jh. gegründete Lateinschule (seit 1634 Gymnasium), aus der eine Reihe berühmter Humanisten hervorging: Konrad Celtis (1459–1508), 1493 gekrönt zum ersten deutschen *poeta laureatus*, Johann Cuspinian (1473–1529), 1500 Rektor der Wiener Universität, und Johann Sinapius (1505–1560), 1534 Professor der Medizin an der Universität Ferrara, später Leibarzt des Würzburger Fürstbischofs. Für Sebastian Münsters »Cosmographia universalis«, das wichtigste geografische Handbuch des 16. Jhs., verfasste er den Artikel über Schweinfurt: die erste Beschreibung der Stadt im Buchdruck. In Ferrara unterrichtete Sinapius auch Olympia Fulvia Morata (1526–1555; s. Kasten S. 31), die 1550 dem Schweinfurter Stadtphysikus Andreas Grundler (um 1516–1555) als Ehefrau in dessen Heimat folgte, wo sie einen Kreis humanistisch gebildeter Freunde um sich scharte. Im Alter von erst 29 Jahren starb Olympia Morata 1555 in Heidelberg, wo ihr Mann einen Ruf auf eine Medizinprofessur und sie das Angebot, Griechisch zu lehren, erhalten hatten. Von ihren humanistischen Freunden am Hof von Ferrara, den sie als Glaubensflüchtling hatte verlassen müssen, wurde die hochgelehrte Frau und Dichterin als »neue Sappho« gepriesen, als *»miraculum saeculi«*, als Wunder des Jahrhunderts.

Nach der Reformation und gefördert durch diese konnte sich das geistige Leben unter Aufsicht von Rat und Geistlichkeit bemerkenswert entfalten – gemäß Luthers Forderung in seinem Sendschreiben »An die Ratsherren aller Städte deutschen Landes, dass sie christliche Schulen aufrichten und halten sollen« (1524). Aus dem viele Titel umfassenden Werk der hochgebildeten Schweinfurter Geistlichen sei hier nur das

»Biblisch Thierbuch« (1595) des Superintendenten Hermann Heinrich Frey (1549–1599) genannt. Der Bestand der Kirchen- und der Rats- bzw. Kanzleibibliothek wurde durch öffentliche Mittel und private Stiftungen kontinuierlich aufgebaut. Über mindestens drei bedeutende, vom universalen Bildungsanspruch des Späthumanismus geprägte, private Bibliotheken sind wir gut unterrichtet: die des Ratsadvokaten Paulus Prückner (1558–1621), die des Juristen Dr. Antoni

LEOPOLDINA – NATIONALE AKADEMIE DER WISSENSCHAFTEN

Am Neujahrstag 1652 gründeten die vier Ärzte Johann Laurentius Bausch (1605–1665), Johann Michael Fehr (1610–1688), Georg Balthasar Metzger (1623–1687) und Georg Balthasar Wohlfarth (1607–1674) die heutige »Deutsche Akademie der Naturforscher Leopoldina – Nationale Akademie der Wissenschaften« unter dem Namen »Academia Naturae Curiosorum«. Ihr Ziel war es, »die Natur zu erforschen zum Wohle der Menschen«. Sie wählten den Schweinfurter Stadtarzt Bausch zum ersten Präsidenten dieser heute weltältesten dauerhaft existierenden naturforschenden Akademie. Angeregt durch Vorbilder, die Bausch auf seiner Bildungsreise nach Italien kennengelernt hatte, und im Austausch mit der Royal Society in London (gegr. 1662) und der Académie des Sciences in Paris (gegr. 1666) gelang es der Academia Naturae Curiosorum, sich in der europäischen Wissenschaftslandschaft fest zu etablieren. Entscheidend hierfür war die Herausgabe der ersten medizinisch-naturwissenschaftlichen Zeitschrift der Welt (seit 1670). Mit Privileg vom 7. August 1687 stattete Kaiser Leopold I. die nunmehrige Sacri Romani Imperii Academia Caesareo-Leopoldina Naturae Curiosorum mit bedeutenden Rechten aus, darunter die völlige Zensurfreiheit für ihre Veröffentlichungen, das Promotionsrecht und die Erhebung von Präsident und Director Ephemeridum (Herausgeber) in den Adelsstand. 2008 wurde die seit 1878 in Halle (Saale) ansässige Leopoldina zur Nationalen Akademie der Wissenschaften ernannt. In Erinnerung an den Akademiepräsidenten Carl Gustav Carus (1789–1869) verleiht die Stadt Schweinfurt seit 1962 den Carus-Preis.

Rüffer (1571–1634) und die der beiden Stadtphysici Leonhard (1574–1636) und Johann Laurentius Bausch (1605–1665). Letztere Büchersammlung gelangte auf Grund der testamentarischen Verfügung (1643) des Leopoldinagründers im Jahre 1813 in den Besitz der Stadt.

Dreißigjähriger Krieg

1625 bestimmte Kaiser Ferdinand II. (1578–1637) Schweinfurt zum Sammel- und Musterplatz für seine Armee unter dem Kommando Wallensteins (1583–1634), verbunden mit ersten Einquartierungen hatzfeldischer und friedländischer Truppen. Bis zum Jahr 1650 sollte sich an den schweren Belastungen der Stadt durch Truppendurchzüge und Einquartierungen nichts mehr ändern. Nach dem Abzug der kaiserlichen Truppen 1631 öffnete die Reichsstadt den schwedischen Glaubensverwandten unter Gustav Adolf (1594–1632) kampflos die Tore.

In der folgenden kurzen Epoche schwedischer Förderung konnte sich Schweinfurt Hoffnungen auf eine bedeutende politische und geistige Rolle als protestantischer Gegenpol des Hochstifts Würzburg im Kreis der fränkischen Reichsstände machen. Nachdem mit dem Tode des schwedischen Königs 1632 und der schwedischen Niederlage gegen die Kaiserlichen 1634 bei Nördlingen alle hochfliegenden politischen Hoffnungen zusammengebrochen waren, ging es für den zunächst von kaiserlichen (1634–1647), dann wiederum schwedischen Truppen besetzten Stadtstaat nur noch um die Sicherung der politischen und materiellen Existenz des Gemeinwesens und seiner Einwohner. Deren Zahl war zudem durch die schwere Pestepidemie der Jahre 1634/1635 dezimiert worden. 1634 konnten die kaiserlichen Truppen die Übergabe der Stadt und den Abzug der Schweden erst nach mehrtägiger Belagerung und Beschießung erzwingen. Der Vorgang wiederholte sich unter umgekehrten Vorzeichen im Frühjahr 1647: Der schwedischen Belagerung und Beschießung unter Generalfeldmarschall Karl Gustav Wrangel (1613–1676) widersetzten sich die kaiserlichen Besatzungstruppen

Wappen der Leopoldina mit der Umschrift »CAESAREO-LEOPOLDINA NATURAE CURIOSORUM ACADEMIA« und dem Wahlspruch »NUNQUAM OTIOSUS« (niemals müßig) (spätes 17. Jh.).

vom 7./17. bis 14./24. April. Am Morgen des 15./25. April besetzten die Schweden Schweinfurt zum zweiten Male.

Der Westfälische Friede von 1648 änderte an den Verhältnissen zunächst nichts. Bis zum endgültigen Abzug der Truppen wurde Schweinfurt zum Hauptquartier des schwedischen Generalfeldmarschalls Wrangel bestimmt, der im Hause des Stadtphysikus Bausch am Roßmarkt logierte. Erst der in Nürnberg zwei Jahre darauf ausgehandelte »Friedens-Executions-Haupt-Recess« beinhaltete die definitiven Durchführungsbestimmungen zum Vertragswerk von Münster und Osnabrück: Am 28. Juli/7. August 1650 um 5 Uhr nachmittags erfolgte der Abzug der letzten schwedischen Truppen aus Schweinfurt. Zur Feier des Friedens ordnete der Rat ein »Friedens-, Denk- und Dankfest« an, das auch zukünftig alljährlich am 10. Sonntag nach Trinitatis gefeiert werden sollte.

Der Friedensschluss brachte auch das Ende der Anfechtungen des in der Reformation erworbenen Kirchenhoheitsrechts durch Stift Haug und der aufgrund des kaiserlichen Restitutionsediktes von 1629 erneuerten Ansprüche des Karmeliterordens auf Restitution des Klosters. Auch scheiterte der Versuch des Würzburger Bischofs, vom Kaiser die Übertragung der Schweinfurter Reichsvogtei an das Hochstift zu erreichen.

Kunstdenkmäler der Renaissance

Die verwüstete Stadt ging aus dem Zweiten Markgräflerkrieg durchaus gestärkt hervor. Rund um das Rathaus von 1572 entstand eine von der Renaissance geprägte Stadt. Ersten Notbauten und Wohnhäusern folgten repräsentativere Gebäude, von denen einige erhalten sind. So baute bereits um 1560 der Ratsherr und Bürgermeister Georg Fuchs in der Oberen Straße 8 ein großes Anwesen, an dem er stolz sein Wappen anbrachte. 1563 wurde die Burggasse 17 als stattliches Bürgerhaus wiederaufgebaut. Zum Erscheinungsbild des Hauses gehörte der im Zweiten Weltkrieg zerstörte markante Schweifgiebel, der sich früher sehr viel häufiger im Stadtbild fand.

Das 1572 nach Plänen von Nikolaus Hofmann aus Halle / Saale vollendete Rathaus der Reichsstadt Schweinfurt zählt zu den Hauptwerken der Renaissance in Deutschland. – Aufnahme um 1890.

Den Höhepunkt der Baukunst aber bildet das 1570 bis 1572 von Nikolaus Hofmann († 1592) aus Halle an der Saale erbaute Renaissance-Rathaus. Rund 3500 Bürger schufen sich einen repräsentativen Verwaltungssitz, der bis in das frühe 20. Jh. genügen sollte. Es ist nach 1397 und einem Notbau von 1555 das dritte Rathaus an dieser Stelle. Der nach Süden zum Main hin weisende Flügel war ursprünglich wohl ein Kaufhaus aus der ersten Hälfte des 15. Jhs.

In beherrschender Weise erhebt sich das Rathaus im Kreuzungspunkt der vier alten Hauptstraßen der Stadt. Zum Markt hin steht die Hauptfassade mit ihrem reich gegliederten Zwerchbau, und gegen die anderen drei Straßen präsentiert sich das im Grundriss kreuzförmig angelegte Bauwerk durch eine aufwändige Instrumentierung seiner Giebel. Der östliche wird durch einen über rechteckigem Grundriss vorspringenden, zweigeschossigen Erkerturm mit Maßwerkfries zusätzlich ausgezeichnet.

Die Inszenierung der Architektur ist gegen den Markt zu auf den über eine Altane sich erhebenden Turmerker ausgerichtet. In den von figürlichen Hermen und Beschlagwerk gerahmten Feldern seiner steinernen Brüstung sind die Wappen der sieben Kurfürsten angebracht.

Im Erdgeschoss des Hauptflügels empfängt den Besucher eine zweischiffige Halle zu vier Gewölbejochen. Drei stämmige Pfeiler tragen ein gotisierendes Kreuzrippengewölbe. Die Diele darüber ist bis heute die »Gute Stube« der Stadt. Ihr Aussehen wird insbesondere von drei geschnitzten Pfeilern aus Eichenholz geprägt. Die Hermenfiguren und die vollrund gearbeiteten Köpfe schuf der Bamberger Bildhauer Donatus Hornig 1572. Ferner ziehen zwei an die Wand gemalte Störe die Blicke an: Der eine war 1575 von Schweinfurter Fischern im Main gefangen worden. Der andere ging im Jahr 1593 ins Netz und wurde von dem Maler Kaspar Scheffelmann der Nachwelt überliefert. Zur weiteren Ausstattung gehört ein Wappenstein vom einstigen Mühltor, den der Steinmetz Hans Lambrecht 1564 bis 1566 geschaffen hat. Die Diele wird ferner von einem prachtvollen Wirkteppich des 17. Jhs. geschmückt, auf dem die »Großmut Alexanders« dargestellt ist.

Im anschließenden Trausaal befand sich unter der schweren Stuckdecke mit dem Stadtwappen von 1680 der Sitzungssaal des reichsstädtischen Rates. Die Südwand ziert ein von Carl Clobes 1951 geschaffenes Freskobild. Der Raum darüber diente vor 1803 als Versammlungsraum der fränkischen Reichsritterschaft.

Im südlichen Vorplatz des Sitzungssaales steht der »Kurfürstenschrank«. Er weist Rollwerkmalerei und Wappen des Kaisers und der sieben Kurfürsten aus der Renaissancezeit auf. Darin soll der 1799 versteigerte Ratsschatz aufbewahrt worden sein. Zu den wenigen erhaltenen Stücken gehört der Reichsadlerhumpen von 1583 im Museum im Alten Gymnasium.

1576/77 wurde die ehemalige Reichsvogtei in der Oberen Straße 11 beim Wenkheimer Gässchen erbaut. Das traufständige, zweigeschossige Haus bildete den Dienstsitz des Reichsvogtes.

In direkter Nähe erhebt sich am Martin-Luther-Platz das Alte Gymnasium von 1581/82 mit seiner schweren Giebelfassade im Renaissancestil. Baumeister war Kaspar Kramer, der 1573 auch den Südgiebel des Rathauses ausgeführt hatte. Eng mit der Geschichte des Gymnasiums verbunden ist das östlich anschließende Stadtschreiberhaus, erbaut 1556 bis 1559. Seit 1934 beheimatet der Gebäudekomplex das stadtgeschichtliche Museum.

Auch das einst als Lager und Waffenarsenal dienende Zeughaus (1589/91) wird vom Renaissancestil geprägt. An dem Bau mit Schweifgiebeln und Treppenturm waren die Steinmetzen Peter Gabelmann und Nikolaus Sieber beteiligt.

Der Roßmarkt, ein bis 1437 als »Der Untere Anger« bezeichneter Platz, war wenig später mit einem »Schütthaus« oder einer »Schranne« als Kornlager bebaut worden. Sein Schneckengiebel ähnelt dem des Zeughauses. Nach Westen schloss sich der Bürgerhof mit »Visieramt« (Eichamt) und Bürgerscheuer an. Dem folgte das 1623 errichtete reichsstädtische Brauhaus. 1978 wurde die »Schranne« abgebrochen. Seit den 1930er-Jahren dient der Komplex als Domizil der Sparkasse Schweinfurt.

Ab 1587 betrieb Fürstbischof Julius Echter die Gegenreformation im Hochstift Würzburg und viele Protestanten flüchteten nach Schweinfurt. Der Reichtum dieser Exulanten, allen voran der Rüffer (s. S. 33), zeigt sich in etlichen Bauten. Ein

Rüffer-Haus war das Anwesen in der Metzgergasse 16, das 1594 vermutlich von Balthasar Rüffer II. bewohnt wurde. Auf eine Renovierung durch Johann Philipp Fehr geht das barocke Portal mit Wappen von 1732 zurück.

Im Jahr 1586 stifteten fromme Bürger für den Alten Friedhof ein Kruzifix von der Hand des aus Bamberg stammenden Bildhauers Hans Werner (1560-1623). Von der ehemals mehrfigurigen Anlage hat sich lediglich der Torso des Gekreuzigten in der Vorhalle des Alten Rathauses erhalten.

Ebenfalls als Torso ist das im Zweiten Weltkrieg beschädigte Schopperhaus von 1588 in der Oberen Straße überliefert. Das giebelständige Haus wies zwei Geschosse auf. Dabei kragte das Obergeschoss auf durch Stichbogen miteinander verbundenen, ornamentalen Konsolen vor. Das rundbogige Tor schmückt ein geschrägtes Gewände mit Muschelnischen und Sitzkonsolen. Darüber war eine von dem Bildhauer Hans Werner geschaffene Tafel mit einem Einhorn und dem Wappen des Bauherrn Johann Schopper und seiner Frau eingelassen.

Der zwischen 1611 und 1614 von Balthasar Rüffer II. erbaute Schrotturm an der Petersgasse 3 prägt das Stadtbild bis heute. Durch ein bildhauerisch aufwändig gegliedertes Portal im Renaissance-Stil gelangt man über eine steinerne Wendeltreppe bis in das vierte Geschoss. Von dort führt eine Stiege in ein Belvedere darüber. Im Inneren haben sich unter zahllosen Anstrichen über die Zeit originale Fresken aus dem Jahr 1614 mit Rollwerkornamentik und farbig angelegten floralen Motiven erhalten. Häufig sind Inschriften meist moralisierenden Inhalts zu finden: »vertrau Gott alles / den Menschen wenich / den weiber gar nichts.« 1818 avancierte der Schrotturm zu einem frühen Zeugen der Industrialisierung: Johann Christian Voit (1784–1841) richtete darin eine Fabrik zur Herstellung von »feinen polirten oder sogenannten engl. Patent-Schroten« ein.

1615 erbaute Dr. Leonhard Bausch ein Haus auf der Südseite des heutigen Roßmarktes 3. Daran erinnern zwei Steinreliefs mit Wappen am Treppenturm mit welscher Kuppelhaube. Über einem Torbogen hängt eine Inschriftentafel von 1650, die an die Jubelfeier nach Abzug der letzten schwedischen Truppen am 29. August 1650 erinnert.

Der Renaissancebau des Alten Gymnasiums von 1582 und das angrenzende sogenannte Stadtschreiberhaus beherbergen seit 1934 das stadtgeschichtliche Museum. – Aufnahme um 1900.

Das sogenannte Apostelhaus an der Ecke Apostelgasse / Zehntstraße trägt über dem rundbogigen Haustor die Jahreszahl 1617. Der Name leitet sich von den geschnitzten Fachwerkständern im Obergeschoss ab, die Reliefs der Apostel, des Christus Salvator, des St. Michael als Bezwinger Luzifers, sowie Adams und Evas am Gebäudeeck zieren.

1632 sollte als Stiftung des Schwedenkönigs Gustav Adolf das sogenannte Gymnasium Academicum zwischen Stadtschreiberhaus und Reichsvogtei errichtet werden. Wegen des Krieges kam es über die Grundmauern kaum hinaus und wurde Ende 1634 ganz aufgegeben. Vorbild dürfte das 1601 bis 1604 von Peter Sengelaub erbaute Gymnasium Casimirianum in Coburg gewesen sein. Obwohl der Schweinfurter Bau der Renaissance angehört, ahnt man in der Schwellung der Formen am aufwändig gestalteten Portal schon das aufkeimende barocke Stilgefühl.

Schweinfurt vom Ende des Dreißigjährigen Krieges bis zur Eingliederung in das Königreich Bayern

Reichskriege und Fränkischer Reichskreis

Die Einbeziehung der Kreisverfassung in den Westfälischen Frieden von 1648 und die Wiederherstellung der Funktionsfähigkeit der Reichskreise als friedenssichernde und exekutive Organe garantierten der Reichsstadt Schweinfurt nochmals für eineinhalb Jahrhunderte ihre Eigenstaatlichkeit. Während die Stadt sich auf der Schwäbischen Städtebank des Immerwährenden Reichstages zu Regensburg durch den Nürnberger Gesandten vertreten ließ, unterhielt sie eine ständige Verbindung zum kaiserlichen Hofrat über einen Agenten in Wien. Diesem oblag auch die Aufgabe, bei jedem Thronwechsel den Huldigungs- oder Homagialeid (= Lehnseid) der Reichsstadt auf den neuen Kaiser zu leisten und für die Erneuerung der Privilegien der Stadt Sorge zu tragen.

Zum eigentlichen Forum für die politischen Interessen der Reichsstädte entwickelte sich der Fränkische Kreis, der fast ausschließlich in den Städten tagte. Unter dem Vorsitz Nürnbergs bildeten die fünf Städte (Nürnberg, Rothenburg, Windsheim, Schweinfurt und Weißenburg) die Städtebank. In das Rampenlicht des Fränkischen Kreises rückte Schweinfurt allerdings nur einmal: Wegen des um das Erbe Kaiser Karls VI. geführten Österreichischen Erbfolgekriegs (1740–1748) trat der Fränkische Kreistag im Dezember 1744 ausnahmsweise nicht in Nürnberg, sondern im weniger exponiert gelegenen Schweinfurt zusammen. In höchst negativer Weise war die Stadt bereits 1697 direkt mit dem Fränkischen Kreis in Berührung gekommen: Die Einquartierungs- und Kontingentskosten in den Reichskriegen gegen Ludwig XIV. von Frankreich hatten die Rückstände der Stadt bei der Kreiskasse auf rund 16 000 Gulden ansteigen lassen und eine Kreisexekution ausgelöst. Eine Kreiskommission anerkannte schließlich die Notlage der Stadt, deren Schuldenlast allein im letzten Jahrzehnt des 17. Jhs. durch die Kriegslasten um rund 50 000 Gulden angestiegen war: Der Matrikelbeitrag wurde daher von 148 Gulden auf 98 Gulden 40 Kreuzer reduziert.

In den Siebenjährigen Krieg (1756–1763) trat das Reich nach Beschluss des Reichstages zur Reichsexekution gegen Preußen am 16. Januar 1757 ein. Als Teil der Kreistruppen erlitt das Schweinfurter Kontingent die Niederlage der mit den Franzosen verbündeten Reichsarmee gegen die Preußen bei Roßbach.

Im November 1762 verschlimmerte sich Schweinfurts Lage zusätzlich: Ein Kommando von 60 Mann preußischer Truppen erpresste unter Gewaltanwendung und Geiselnahme 8000 Thaler vom Rat. In den Kriegsjahren 1756–1763 stieg die Schuldenlast der Stadt um weitere 80 000 Gulden.

Sozial- und Wirtschaftsstruktur

Da die nur lückenhaft überlieferten Beth- und Steuerbücher der Reichsstadt Schweinfurt für das 17. und 18. Jh. bislang nicht ausgewertet sind, bietet die in der »Policey-Ordnung« vorgenommene Einteilung der Bürger in vier »Classen« zumindest Hinweise auf die Sozial- und Wirtschaftsstruktur der Reichsstadt Schweinfurt im 18. Jh.

Die Tendenzen in der zweiten und dritten »Classe« zur Überwindung der strikten Abgeschlossenheit der einzelnen Kategorien führten zu Modifikationen in der Einteilung in Richtung auf größere Eindeutigkeit: Als zugehörig zur zweiten Klasse werden 1780 explizit erwähnt: Hospital- und Zehendkeller, Spitalschreiber und Visirer, Botten-Meister, Raths-Apotheker, Procuratores, Praeceptores der deutschen Schulen. Alle Handwerker werden jetzt der dritten Klasse zugeordnet, Bäcker- und Bauersleute und die Dorfuntertanen bilden allein die vierte Klasse. Abgesehen von den städtischen Amtsträgern gliedert sich die Bürgerschaft der Reichsstadt in der obrigkeit-

DIE »GROSSE POLICEY-ORDNUNG« VON 1716

In dieser Satzung ist die restriktive reichsstädtische »Überflussgesetzgebung« zusammengefasst (Titel VII–XI). Auf der Grundlage der obrigkeitlich definierten Schichtung der Gesellschaft wird den einzelnen »Classen« das ihnen zugebilligte Maß an gesellschaftlicher Repräsentation aufgezeigt. Die Einteilung der städtischen Bevölkerung in vier »Classen« ist 1716 damit begründet, dass es »[...] in jedweder wohl-bestellten Republic nach jeden Standes Praerogativ und Vorzug / gewisse Gradus und Classes [gebe], wornach ein jeder zu lociren / geordnet« sei. Diese Rangstufen werden wie folgt unterschieden: »I. Claß. Und sollen in die erste Claß gerechnet werden / so viel gegenwärtige Verordnungen betrifft / der wohl-löblich Innere Rath / der Herr Reichs-Vogt / die Herren Consulenten und Syndicus, nebst der Cantzley. Dann das hiesig-Wohl-Ehrwürdige Ministerium, wie auch die Herrn Graduirte / die Herren Geistliche auf denen Dorffschafften / der Herr Rektor und Con-Rector [...] II. Classis. In die andere Claß sollen gezogen werden der Eussere Rath deß Zusatzes / und die Achter von der Gemeind / übrige Praeceptores der Lateinischen Schulen / Unsere considerable Stadt-Bediente / dann die vornehm- und vermögliche Handels-Leute / wie auch die Ober-Officier von der Burgerschafft und vornehme Gast-Wirte. III. Claß. Die vornehm- und vermöglichen Bürger / auch Künstler und Handwerker-Leute / und die geringe Gast-Wirte. Da aber auch von geringern und sonsten in die vierte Claß gehörigen Handwerks-Leuthen sich ein oder andere / so guten Vermögens / befinden würde / solle derselbe gleichsfalls / jedoch aus vorhergehendes gebührliches und zeitliches Ansuchen an den. S. Hoch-Edl. und Hochweisen Rath / in die 3.te Claß locirt werden; Deßgleichen gehören in diese Claß Unsere Schultheissen und Schulmeister auf denen Dorffschafften. IV: Claß. Zur viert- und letzten Claß gehören übrige gemeine Handwerks-, Bäckers- und Bauers-Leute / in welche Class denn auch unsere Dorffs-Unterthanen vermengt sein sollen [...].«

(Pflichten u. Ordnungen 1720, S. 168–171)

STATISTIK VOM 3. FEBRUAR 1803

Im »Regierungsblatt für die Churbayerischen Fürstenthümer in Franken« vom 3. Februar 1803 ist der »Seelen- und Gewerbezustand der Stadt und des Gebiethes der vormaligen Reichsstadt Schweinfurt« publiziert. Für das eigentliche Stadtgebiet ohne die vier sog. Terrritorialdörfer wurden folgende Zahlen ermittelt: »Schweinfurt hat in 879 Häusern 5226 Seelen, 1242 Bürger, 24 Beysaßen, 67 Schutzverwandte; darunter sind 54 Ackersleute, 83 Handelsleute, 765 Handwerksleute, 13 Wirthe, 173 Taglöhner, 152 Arme. Unter den 765 Handwerkern sind 23 Weisbäcker, 8 Schwarzbäcker, 5 Barbierer und Chirurgen, 9 Buchbinder, 2 Büchsenmacher, 80 Büttner und Bierbrauer, 8 Drechsler, 3 Schönfärber, 4 Schwarzfärber oder Mangmeister, 1 Feilenhauer, 51 Fischer, 6 Gold- und Silberarbeiter, 12 Lohgerber, 19 Weißgerber, 7 Glaser, 3 Gürtler, 78 Häcker oder Weinbergsleute, 20 Häfner, 6 Hutmacher, 7 Kammmacher, 5 Knopfmacher, 1 Knopfdreher in Metall, 4 Kürschner, 6 Kupferschmiede, 26 Leinenweber, 1 Lebküchner, 30 Metzger, 3 Messerschmiede und Schwertfeger, 23 Maurer und Tüncher, 8 Mehlber, 11 Nadler, 7 Nagelschmiede, 1 Orgelmacher, 13 Posamentirer oder Bordenmacher, 6 Perüquenmacher u. Friseurs, 11 Säckler, Hosen- und Handschuhmacher, 11 Sattler, 26 Schneider, 3 Schuheflicker, 71 Schuhemacher, 9 Schreiner, 9 Strümpfstricker, 4 Siebmacher, 14 Seiler, 1 Sesselmacher, 7 Schlosser, 7 Schmiede, Huf- und Waffenschmiede, 9 Spängler, 7 Schiffer, 1 Schornsteinfeger, 4 Tuchmacher, 2 Tuchscheerer, 2 Uhrmacher, 8 Wagner, 9 Zeugmacher, 17 Zimmerleute, 5 Zinngießer; ferner 2 Maler, 2 Buchdrucker, 1 Buchhändler, 6 Musikanten, 2 Garköche, 6 Gärtner, 2 Seifensieder, 1 Scheerenschleifer, 1 Ziegler.«

lichen Vorstellung des späten 18. Jhs. demnach in drei Klassen: Händler, Handwerker, Häcker und Bauern. (Pflichten u. Ordnungen 1780, S. 103–106)

Belastbare statistische Angaben zur Wirtschafts- und Sozialstruktur veröffentlichte erstmals Johann Kaspar Bundschuh am Ende der Reichsstadtzeit 1802 in seiner »Beschreibung der Reichsstadt Schweinfurt – ein historisch-topographisch-statistischer Versuch«. Offizielle Zahlen zum »Seelen- und Gewerbezustand« wurden durch die neuen bayerischen Herren im Regierungsblatt vom 3. Februar 1803 veröffentlicht.

Dass sich unter den dort genannten 173 Taglöhnern auch die Arbeiter der wenigen bereits existierenden Manufakturen befinden, ist anzunehmen. Johann Martin Schmidt (1726–1794) betrieb seit 1777 eine Bleiweißmühle in Schweinfurt, deren Produktion er bis nach Nürnberg, Frankfurt und Hamburg, Österreich und Schweden exportierte. 1790 richtete Johann Georg Gademann (1754–1813) an der Wern in der »Bellevue« eine Schusser- oder Märbelmühle ein und baute seit 1798 im benachbarten Niederwerrn eine ebenfalls exportorientierte Bleiweißfabrikation auf. In die Niederwerrner Farbmühle Gademanns trat 1805 Wilhelm Sattler (1784–1859) als Geschäftsführer ein, der sich dann 1808 in Schweinfurt selbstständig machte. Schmidt, Gademann und Sattler trugen maßgeblich dazu bei, dass sich Schweinfurt im 19. Jh. neben Nürnberg zur modernen Industriestadt entwickelte – im Gegensatz zu den anderen fränkischen Reichsstädten.

»Maßregeln zu geistigen Fortschritten und materieller Wohlfahrt«

Trotz dieser großen Belastungen konnte das Ratsregiment in den letzten drei Jahrzehnten des 18. Jhs. dem aufgeklärten Zeitgeist entsprechend eine Reihe von »Maßregeln zu geistigen Fortschritten und materieller Wohlfahrt« (Stein, Bd. 2, S. 287) ergreifen: 1772 wurde ein Leih- oder Pfandhaus nach Nürnbergischem Vorbild errichtet, desgleichen Freibänke für die Metzger. Eine städtische Deputation erarbeitete den Plan zur Kultivierung der Haardt, eines bisher öden Ackerlandes, der bis 1775 realisiert wurde; für die Spaziergänger wurde ein »Lusthaus« errichtet. Desgleichen ließ der Rat den Bleichrasen und die drei »Lustwäldchen« jenseits des Mains (Wehranlage) als Parkanlagen erschließen. Die Wirtschaft förderte er durch Übernahme der Baukosten des Abschnitts zwischen Oberndorf und Maibach der neuen Chaussee von Würzburg nach Sachsen (1784). Die aus der Finanzmisere des Französischen Krieges

»WELTPOESIE IST WELTVERSÖHNUNG« – FRIEDRICH RÜCKERT

Als Sohn des Advokaten Johann Adam Rückert (1763–1831) und dessen Ehefrau Maria Barbara geb. Schoppach (1766–1835) wurde Friedrich Rückert im Jahr 1788 in Schweinfurt geboren und verbrachte seine Kinder- und Jugendjahre in Stadtlauringen. Nach dem Besuch des Gymnasiums in Schweinfurt nahm er 1805 in Würzburg das Studium der Jurisprudenz auf, wechselte aber bald zur Klassischen Philologie und Philosophie. Mit seiner Dissertation »De idea philologiae« (Jena 1811) legte er zugleich den Grundstein für sein Lebensprogramm als Dichter und Philologe: »Weltpoesie ist Weltversöhnung.«

Die Stationen seines beruflichen Lebens führten ihn 1811/1812 als Privatdozent nach Jena, 1816/17 in die Redaktion des »Morgenblatt für gebildete Stände« in Stuttgart (Cotta), von 1822 bis 1825 war er Redakteur des »Frauentaschenbuch«, bevor er von 1826 bis 1848 den Lehrstuhl für Orientalistik in Erlangen (bis 1841) und Berlin innehatte. 1848 zog er sich auf sein Gut nach Neuses bei Coburg zurück.

Von entscheidender Bedeutung für den jungen Dichter waren die Förderung durch Christian Truchseß v. Wetzhausen (1755–1826) und die Einführung in das Studium der arabischen, persischen und türkischen Sprache und Literatur 1818/1819 in Wien durch Joseph v. Hammer-Purgstall (1774–1856), im Anschluss an eine Italienreise, die ihn in intensiven Kontakt mit den deutschen Künstlern in Rom brachte. Während Rückert, der sich die Kenntnis von über 40 zumeist orientalischen Sprachen erwarb, bis heute als der kongenialste Übersetzer und Vermittler der orientalischen Literatur im deutschen Sprachraum gilt, wurde der Rang seiner höchstvirtuosen deutschen Lyrik, die die Zeitereignisse kritisch spiegelt, seit der Mitte des 19. Jhs. zunehmend angezweifelt. Die seit 1998 erscheinende Schweinfurter Werkausgabe macht den umfangreichen unveröffentlichten Nachlass Rückerts, insbesondere die Altersgedichte (»Liedertagebuch« 1846–1866) erstmals zugänglich und ermöglicht eine Neubewertung auch durch die germanistische Literaturwissenschaft. Rückert starb 1866 im Alter von 77 Jahren in Neuses (heute Teil Coburgs).

Gedenktafel mit dem Porträt Friedrich Rückerts (1788–1866) am Geburtshaus am Marktplatz. – Bronze; Bildhauer Heinrich Scheffer, Erzgießerei Lenz u. Heroldt; 1867.

entstandene Notwendigkeit der Versteigerung städtischer Liegenschaften, darunter der Stadtgräben, bewirkte einen wesentlichen Fortschritt in der Gartenkultur. Die reichsstädtische Bibliothek – für die 1741 im Rathaus ein neuer Bibliothekssaal eingerichtet worden war – wurde 1794/95 neu katalogisiert, regelmäßige Öffnungszeiten wurden eingeführt. Eine bürgerliche Lesegesellschaft, die die erworbenen Bücher und Zeitschriften unter den Mitgliedern zirkulieren ließ, entstand erstmals 1774 in akademischen Kreisen. Die seit 1775 kontinuierlich erschienene »Schweinfurther wöchentliche Anzeige« wurde zum Forum mancher fortschrittlicher Initiativen von der Pockenschutzimpfung bis zur Kartoffelsaat.

Das 1634 gegründete Gymnasium stand von 1769 bis 1802 unter der Leitung des Rektors Johann Philipp Raßdörfer, der als erster Rektor und ordentlicher Professor der Mathematik und Naturlehre die Übernahme eines geistlichen Amtes ablehnte. Die damaligen Stundentafeln zeigen zwar nach wie vor die herkömmliche Unterweisung in Logik, Rhetorik und den Alten Sprachen, jedoch bestreiten Philosophie und die modernen Wissenschaften von den Realien (Geschichte, Mathematik, Physik, Musik, Baukunst, Malerei, Kupferstich) den Hauptanteil der Unterrichtszeit. Daneben wird Französisch gegeben und Italienisch angeboten. Zu den letzten Schülern des Gymnasiums zählt auch der 1788 in Schweinfurt geborene Dichter und Orientalist Friedrich Rückert.

Aufklärung: Die Pädagogen Johann Peter Voit und Johann Kaspar Bundschuh

Die Prägung des ansonsten der lutherischen Orthodoxie zuzurechnenden Pfarrers und Professors für Metaphysik am Gymnasium, Johann Peter Voit (1747–1811), durch Aufklärung und Rationalismus wird deutlich bei der Betrachtung seiner zahlreichen pädagogischen Veröffentlichungen. Darunter ist insbesondere die »Faßliche Beschreibung der gemeinnützlichsten Künste und Handwerke für junge Leute« (1788, 1790) hervorzuheben. Voit wirkte ab 1779 als Nachmittagsprediger zu St. Salvator, ab 1781 als Lehrer in der Lateinschule, ab 1797 als Oberpfarrer und Inspektor der Schulen und ab 1807 als Dekan.

Fast gleichzeitig mit Voit begann 1777 Johann Kaspar Bundschuh (1753–1814) seine Lehrtätigkeit. Als Theologe folgte er Voit 1811 als Oberpfarrer nach. In bayerischer Zeit wurde er nach Auflösung des Gymnasiums zum Direktor der neuen Höheren Bürgerschule (1804) ernannt und zum kgl. Distriktsschulinspektor. Bundschuhs Ruhm gründet sich heute auf seine publizistischen Werke. Bei aller Vielfalt seines Schaffens galt seine große Leidenschaft der Geschichte, Geografie und Statistik Frankens. Auf diesem Gebiet versuchte der Pädagoge Bundschuh, sein gesammeltes Wissen in systematischer Form für den Schulunterricht nutzbar zu machen: So verfasste er unter anderem einen »Grundriß zum Vortrage der vaterländischen Erdbeschreibung und Geschichte in Franken« (Schweinfurt 1806), die »Mannigfaltigkeiten aus der Fränki-

Faßliche
Beschreibung
der
gemeinnützlichsten Künste
und
Handwerke
für
junge Leute
mit Kupfern
von
Johann Peter Voit.
Archidiaconus und Professor publ. zu
Schweinfurt.

Nürnberg,
bei C. Weigel und Schneider.
1788.

Johann Peter Voit, Faßliche Beschreibung der gemeinnützlichsten Künste und Handwerke für junge Leute, Teil 1, 1788. – Titelblatt und Frontispiz.

schen Erdbeschreibung und Geschichte zur Unterhaltung für Liebhaber, besonders zur Erläuterung des Grundrisses zum Vortrage der Erdbeschreibung und Geschichte in Franken« (2 Stücke, Rudolstadt 1807/08) und die »Zugabe zu meinem Grundriß zum Vortrage der vaterländischen Erdbeschreibung und Geschichte in Franken« (Hildburghausen 1809). Inhaltlich geprägt sind diese und die übrigen Werke von der Absicht Bundschuhs, als Aufklärer erzieherische Breitenwirkung zu erzielen. Besonders deutlich wird dies bei seinem Engagement als (Mit-) Herausgeber und Autor der drei Zeitschriften »Journal von und für Franken« (Nürnberg 1790–1795), »Der fränkische Merkur oder Unterhaltungen gemeinnützigen Inhalts für die fränkischen Kreislande und ihre Nachbarn« (Schweinfurt 1794–1800) und »Fränkische Provinzialblätter« (Bayreuth 1801–1805). Gerade diese aktuellen Zeitschriften trugen Bundschuh manchen Ärger mit der Zensur ein.

Kostbarste Frucht seines Hangs zur landesgeschichtlichen Forschung ist Bundschuhs 1799 bis 1804 in sechs Bänden erschienenes »Geographisches Statistisch-Topographisches Lexikon von Franken [...]«.

Revolutionskriege

Mit der Kriegserklärung des revolutionären Frankreich an Preußen und Österreich begannen im April 1792 die sog. Revolutionskriege, die nach dem Eintritt des Heiligen Römischen

DIE GEISELN VON GIVET

Die französischen Besatzungen bedeuteten den finanziellen Ruin der Reichsstadt. Der unerfüllbaren Forderung nach einer Brandschatzung (Kontribution) von 500 000 Livres wurde durch Geiselnahme von acht Bürgern, die im August 1796 in die französische Festung Charlemont (Givet) verbracht wurden, Nachdruck verliehen. Die Rückkehr der Geiseln am 29. Juli 1797 – nach elfmonatiger ›Gefangenschaft‹ – wurde enthusiastisch gefeiert. Die Stimmung schlug allerdings um, als bekannt wurde, dass die Acht, die sich noch in Schweinfurt einen Bedienten engagiert hatten, insgesamt 13 392 Gulden auf Kosten des Rates verprasst hatten, ihre Geiselhaft also eher einer Vergnügungsreise geglichen hatte: »[...] dic warme Zuneigung verwandelte sich in eine frostige Gleichgültigkeit und die Dankbarkeit in Verachtung« (StadtASw, Ha 121, S. 267), berichtete ein zeitgenössischer Chronist, und stellte die rhetorische Frage: »Wer hat Schweinfurt mehr gekostet, eine feindliche Armee in 2 Monaten oder 9 Mitbürger in 11 Monaten?« (S. 263) Tatsächlich hatten die Tafelkosten für 42 Generäle und 20 Commissare der Besatzungstruppe »lediglich« mit 12 613 Gulden zu Buche geschlagen. Der Rat setzte eine Untersuchungskommission ein, entschied allerdings, die Sache auf sich beruhen zu lassen.

HINTERGRUND

Reiches in den Krieg auch der Reichsstadt Schweinfurt noch einmal große Lasten zugunsten des Reiches auferlegten: Am 30. April 1793 rückte das 48 Soldaten starke Schweinfurter Kontingent, das zu den Truppen des Fränkischen Reichskreises zählte, unter dem Kommando des Oberleutnants Karl Friedrich Seyffert aus. Aber auch die Einwohner der Stadt selbst hatten unter den französischen Besatzungen der Jahre 1796 und 1800/1801 schwer zu leiden: Am Ende des Krieges war die Reichsstadt de facto bankrott. Die Schuldenlast war auf rund 350 000 Gulden gestiegen.

Bemerkenswert ist allerdings die Tatsache, dass die im letzten Jahrzehnt des 18. Jhs. neu aufgenommenen Schulden ausschließlich aus der Stadt selbst kamen. Diese Ansammlung von Kapital innerhalb der Bürgerschaft hat sicherlich dazu beigetragen, dass auch aus alteingesessenen Familien stammende Unternehmer – wie Gademann und Cramer – neben Zuwanderern – wie Sattler und Wüstenfeld – zu Exponenten des wirtschaftlichen Aufschwungs im frühen 19. Jh. werden konnten.

Erste bayerische Besitzergreifung 1802

Im Frieden von Lunéville vom 9. Februar 1801 wurde der Grundsatz der Entschädigung der weltlichen Reichsfürsten für ihre linksrheinischen Verluste an Frankreich auf Kosten anderer Reichsstände formuliert. Diese Vereinbarung wies den Weg zur Mediatisierung der Reichsstädte im Reichsdeputationshauptschluss vom 25. Februar 1803. Im Vorgriff auf das endgültige Verhandlungsergebnis der Reichdeputation ließ der bayerische Kurfürst Maximilian IV. Joseph am 6. September 1802 durch Einrücken zweier kurpfalzbayerischer Kompagnien leichter Infanterie militärisch von Schweinfurt Besitz ergreifen. Am 4. Dezember 1802 ließ er die Zivilbesitzergreifung nachfolgen: durch feierliche öffentliche Eidesleistung des Militärs, des Rats und der öffentlichen Bediensteten. Der neue Landesherr führte die reichsrechtlich sanktionierte Neuerwerbung als ehemaligen Reichsstand forthin in seiner Titulatur: »Herr zu Schweinfurt.«

Über die Stimmung der Bevölkerung aber berichtet der Weinhändler und Chronist Johann Heinrich Wirsing: »Es ging manchen doch sehr nahe, das unsere Reichstättische Verfassung [sich] ändern sollte, und manche Leute hatten geweint.« Dann fährt er allerdings fort: »Und wenn wir als Bayern erwägen, wie mancher partheiisch behandelt wurde, das fast die meisten Rathsglieder Familiäre oder Freunde waren, so auch die [sic!] langwierig und kostspielig der Rechtsgang durch Deputationen geführt wurde, da fast alles was nur ein wenig von Importanz war, auf ein Reichsgericht verschickt werden mußte, sodann, wenn wir das alles, ja noch mehr, wie das Hospithal zu Schmausereien und Sporteln für die Rathsherrn verwendet wurde und der Armuth entzogen, wenn wir dies alles recht betrachten, so kam uns die jetzige Veränderung nicht so schwer an, besonders da wir hoffen konnten bessere Polizei und bessere unparteiische Justiz zu erhalten. Auch, was das Hauptsächlichste war, in der Steuer war es sehr ungleich und nach Gunst ausgeschlagen und dieses drückte außerordentlich die Bürgerschafft, besonders in den Einquartierungen, den ganzen Verlauf des Krieges hindurch.« (StadtASw, Ha 116, S. 172f.)

Reform von oben

Mit dem Vortrag des kurfürstlichen Hof- und Regierungsrates Adam Molitor in der ersten nach der Zivilbesitzergreifung stattfindenden Ratssitzung vom 7. Dezember 1802 nahm auch die Tätigkeit einer Regierungskommission, der sogenannten »subdelegierten Commission«, ihren Anfang. Der Auftrag dieses Gremiums bestand in der »gehörigen« Vorbereitung der »baldigsten Umwandlung der Reichsstädtischen Verfassung in jene einer Municipalstadt« (StadtASw, Pol 1009) in allen Zweigen der Administration. Sein Auftrag war erfüllt, als das von Kurfürst Max Joseph unterm 7. Januar 1805 erlassene Organisationsrescript am 28. März unter Aufhebung des bisherigen reichsstädtischen Rats und unter Installierung der neuen städtischen Behörden (Stadtgericht, Verwaltungsrat mit zwei Bürgermeistern an der Spitze, Polizeidirektion) in Kraft trat. Am 27. April wurde schließlich die förmliche Überweisung der vier ehemaligen reichsstädtischen Territorialdörfer Oberndorf, Zell, Weipoltshausen und Madenhausen an das Landgericht Schweinfurt vollzogen.

De facto bestimmte zu dieser Zeit der königliche Polizeikommissar, zugleich Polizeidirektor, die Geschicke der Stadt. Der Bürger selbst blieb ohne Einflussmöglichkeiten. Diese für den bayerischen Staat der Ära Montgelas charakteristische Vorenthaltung jeglicher kommunaler Selbstverwaltungsrechte beseitigte erst das »Edikt über die Verfassung und Verwaltung der Gemeinden« vom 17. Mai 1818. Es brachte in den Städten und Märkten die Wiederherstellung der Magistrate mit einem »freyeren und erweiterten Wirkungskreise«.

Alle Maßnahmen, die bezüglich Schweinfurts von der neuen Landeshoheit getroffen wurden, sind nicht nur unter dem Aspekt einer möglichst reibungslosen Eingliederung in den kurpfalzbayerischen Staat – seit 1806 Königreich Bayern – zu beurteilen. Vielmehr sind sie auch unter dem Blickwinkel der umfassenden »religiösen, politischen, bürgerlichen und militärischen Revolution« (Metternich) zu sehen, die Max Joseph und sein leitender Minister Montgelas ins Werk setzten, um aus Bayern unter Integration der zwischen 1802 und 1816 neu erworbenen Territorien einen der modernsten Staaten Europas zu machen. Dieser von oben verordnete Reformprozess stieß bei den Betroffenen nicht nur auf Gegenliebe: Heftig aber erfolglos wehrte sich der Schweinfurter Magistrat gegen bahnbrechende Neuerungen wie Religionstoleranz gegenüber Katholiken und Juden, allgemeine Wehrpflicht und Schließung des Gymnasiums zugunsten einer vierklassigen Höheren Bürgerschule. Über Letztere vermerkte der zeitgenössische Chronist Wirsing jedoch anerkennend: »Es werden anjezo statt der gar vielen lateinischen, lebendige Wissenschaften als teutsche Sprache, Vaterländische Geschichte, Erdbeschreibung, Naturlehre usw. gelehret [...].« (StadtASw, Ha 116, S. 187)

Von Bayern nach Bayern

Bei der Bildung eines Großherzogtums Würzburg für den Bruder des Kaisers Franz II., Ferdinand III. von Habsburg-Toskana (1769–1824), im Frieden von Pressburg (26. Dezember 1805), verblieb Schweinfurt unter der Herrschaft des nunmehrigen Verbündeten Napoleons und Königs von Bayern, Max I. Joseph (1756–1825). Die nach dem Frieden von Schönbrunn in den Pariser Verträgen (8. Mai und 26. Mai 1810) neu festgelegte Grenzlinie zwischen Bayern und Würzburg betraf auch Schweinfurt: Die Besitzergreifung durch Ferdinand und somit die Zugehörigkeit Schweinfurts zum Großherzogtum Würzburg wurde am 24. September 1810 vollzogen. Die Behördenorganisation von 1805 blieb allerdings auch unter Würzburger Herrschaft erhalten.

Als Napoleons Stern nach dem Russlandfeldzug zu sinken begann und die Verbündeten sich von Frankreich lösten, gelang es Bayern erneut, sich im Vertrag von Ried (8. Oktober 1813) auf die Seite der Sieger zu schlagen. Durch die Pariser Konvention (3. Juni 1814) wurde dann die Übergabe des Großherzogtums Würzburg und des Fürstentums Aschaffenburg an Bayern festgelegt.

Über den jetzt schon routinemäßig abgewickelten Vorgang des Besitzwechsels erstattete das Schweinfurter Polizeikommissariat am 6. Juli 1814 Bericht an die nunmehr wieder königliche Landesdirektion in Würzburg: »Die von der höchsten Stelle übersandten Patente hat das unterfertigte Polizei-Commissariat am Sonnabend d. 2n des M. vormittags von dem Balkon des Rathauses öffentlich ablesen, u. dann unter Trompeten- u. Paukenschall an den Hauptplätzen und Thoren der Stadt affigiren laßen. Am Abend veranstaltete das musicalische Institut zum besten der Armen ein Concert in der kathol. Kirche. Um den heißen Wunsch der gesamten Bürgerschaft zu befriedigen, wurde unter Benehmen mit dem k. B. Commando des com. Bataillon des Unterdonaukreises auf Sonntag d. 3n Julius eine hohe Kirchenfeierlichkeit angeordnet. Mit Tagesanbruch verkündigte der Donner der Kanonen und das Geläute aller Glocken den Stadtbewohnern das beginnende Fest, um neun Uhr morgens zog das baierische Bataillon und das hiesige Bataillon der Nationalgarde in Parade auf den Markt und machte Spalier, während der Stab und die Localbehörden in Proceßion in beide Pfarrkirchen zogen, um dem Te Deum beizuwohnen. Hierauf folgt Mittags ein Diner im Gasthofe zum Raben und ein froher Ball beschloß diesen Tag, an welchem sich jedermann zu dem glücklichen Regierungsantritt Sr. Majestaet d. Königs Glück wünschte.« (StadtASw, Pol 1009)

Königlich bayerische Stadt zweiter Klasse – das Gemeindeedikt von 1818

Die Errichtung einer gesamteuropäischen Friedensordnung 1815 durch den Wiener Kongress (18. September 1814–9. Juli 1815) und die Gründung des Deutschen Bundes brachten für Schweinfurt, das bei der neuen Verwaltungseinteilung Bayerns in acht Kreise am 20. Februar 1817 dem Untermainkreis zugewiesen wurde (heute Regierungsbezirk Unterfranken), keine neuerliche Veränderung. Damit waren die äußeren Voraussetzungen für eine ungestörte Stadtentwicklung in der kommenden längsten Friedensperiode seit Beginn des Dreißigjährigen Krieges geschaffen.

Die im Gemeindeedikt vom 17. Mai 1818 gewährte freie Wahl von Gemeindeorganen (Magistrat, Kollegium der Gemeindebevollmächtigten) und die Zuweisung eines eigenen Wirkungskreises vor allem auch in der Vermögensverwaltung waren wichtige Schritte auf dem Weg zur Selbstverwaltung. Die Staatsaufsicht allerdings bestand fort. Nach ihrer Bevölkerungszahl teilte das Edikt die Städte in drei Klassen ein: 2000 Familien und darüber (1. Klasse), 500 bis 2000 Familien (2. Klasse), unter 500 Familien (3. Klasse). Schweinfurt zählte mit rund 5500 Einwohnern zu den Städten zweiter Klasse.

Neben den Collegien des Magistrats und der Gemeindebevollmächtigten blieb das Amt des königl. Polizeicommissärs weiterhin bestehen, jedoch mit eingeschränkten Kompetenzen. Im September 1818 wurden die ersten Gemeindewahlen in Schweinfurt durchgeführt. Nach den restriktiven gesetzlichen Bestimmungen umfasste die Gemeinde 1173 Bürger, von denen lediglich 939 stimmfähig waren. Wahlberechtigt waren nur Männer. Die Voraussetzungen für die Wahl zum Gemeindebevollmächtigten waren darüber hinaus der Besitz des Staatsbürgerrechtes und die Zugehörigkeit zur höchstbesteuerten Hälfte der Bürger. Als Faktum ist eine große Kontinuität der Verwaltungselite von der Reichsstadtzeit bis hin zum Magistrat von 1818 zu konstatieren.

Der neu gewählte erste Bürgermeister, Johann Christoph Fichtel, war bereits 1799 in reichsstädtische Dienste getreten und hatte bis zu seiner Wahl das Amt des ersten Bürgermeisters versehen. Der rechtskundige Magistratsrat Martin Wilhelm Reuter, seit 1801 im Dienst, amtierte von 1814 bis 1818 als zweiter Bürgermeister. Die bürgerlichen Magistratsräte Dürbig, Bonzeltius und Lebküchner waren 1791, 1787 bzw. 1798 eingetreten und fungierten zuletzt als Verwaltungsräte.

Barocke Kultur

Während ringsum im katholischen Hochstift Würzburg die Kunst des Barock Glanzpunkte aufsetzte, hat sich im protestantischen Schweinfurt nach dem Ende des Dreißigjährigen Krieges baulich nur wenig verändert. Insbesondere die Türme und Mauern der Stadt wurden hingegen verstärkt. Abgesehen von den vier im 19. Jh. zerstörten Haupttoren ist diese Befestigung nach einer seit den 1970er-Jahren erfolgreich betriebenen Altstadtsanierung wieder größtenteils erlebbar. Dabei wurde entlang des Marienbaches der spätestens im 16. Jh. erbaute Weiße Turm wieder freigelegt. Er kann einschließlich seiner unterirdischen Gänge besichtigt werden. Vor dem 1614/15 durch Gideon Bacher aus Ulm entworfenen und 1880 abgebrochenen Spitaltor führte ab 1748 eine auf fünf steinernen Bögen erbaute Brücke über den westlichen Graben. 1870 einfach zugeschüttet, konnten ihre beeindruckenden Reste 2008 freigelegt und museal präsentiert werden.

Der Basteiturm und das 1614/15 nach Plänen von Gideon Bacher aus Ulm erbaute Spitaltor wurden im Jahr 1880 dem Straßenbau geopfert und der Stadtgraben zugeschüttet. – Aufnahme vor 1870.

Zwischen 1717 und 1719 erneuerte man die Kirche St. Salvator. Unter Erhalt des gotischen Chores erhielt der Turm nach Plänen des Maurermeisters Beringer eine Kuppelhaube. Das Äußere der nach dem Zweiten Weltkrieg wiedererrichteten Kirche ist bis auf das barocke Westportal mit Rustika-Gewände protestantisch schlicht gehalten.

1756 wurde das Oberndorfer Rathaus erbaut. Barocke Stilelemente finden sich am Dachreiter und an der Freitreppe, deren Balustrade ein Geländer von Schloss Werneck zitiert.

Der Vier-Röhren-Brunnen mit seiner Pyramide am Albrecht-Dürer-Platz ist 1772 entstanden. Stilistisch ein Vorbote des Klassizismus, erinnert er an die Hungerjahre 1770/71.

Schweinfurt hat in der Barockzeit eine Reihe Kunsthandwerker und Künstler hervorgebracht: Der in Nürnberg tätige Georg Wilhelm Vestner (1677–1740) war ein bedeutender Medailleur. Von Johann Georg Vogt (1700–1782) haben sich Proben seines Könnens als Silberschmied überliefert. Darunter befindet sich in St. Johannis ein prunkvolles Taufgeschirr.

Der frühklassizistische Vierröhrenbrunnen erinnert an die Hungerkatastrophe von 1770/71. – Aufnahme um 1900.

Zu nennen ist ferner der Kunstschreiner Johann Benedikt Voit (1713–1795), für den zwei 1777 für die Grafen von Castell geschaffene intarsierte Kommoden Zeugnis ablegen. Aus der Werkstatt des Johann Adam Philipp Stössel (1751–1808) dürften die Bildtapeten eines Landschaftszimmers stammen, die sich im Museum Altes Gymnasium erhalten haben. Von der Reichsstadt aus schuf schließlich der Maler Conrad Geiger (1751–1808) zahllose Werke für Schlösser und Klöster der Umgebung.

Vom Biedermeier bis zum Ende der Monarchie: Schweinfurt im »langen« 19. Jahrhundert

Biedermeier und Frühindustrialisierung

»Eine schöne, industriöse und nahrhafte Stadt« – diese Charakterisierung Schweinfurts von 1832 mag beim Leser zunächst nicht auf ungeteilte Zustimmung stoßen. Reich an Industrie, die den Menschen Nahrung sichert: Dem wird man zustimmen können; aber auch schön? Selbst eingefleischte Schweinfurter greifen bei der Beschreibung ihrer Stadt nur im Überschwang der Gefühle auf dieses Attribut zurück, dennoch hat es für die erste Hälfte des 19. Jhs. seine Berechtigung. Kaum eine andere Epoche hat das äußere Bild Schweinfurts mehr geprägt als die Zeit des Biedermeier mit ihrer zurückhaltenden Architektursprache. Die Zeitgenossen haben das Erscheinungsbild der Stadt offenbar als schön empfunden; wenn es heute als unspektakulär gilt, sind dafür nicht allein die Zerstörungen des Zweiten Weltkriegs verantwortlich, sondern in gleichem Maße die Bautätigkeit der ersten Hälfte des 19. Jhs., als die Stadt einen wirtschaftlichen Aufschwung erlebte. Selbst der Sitz der Unternehmungen Wilhelm Sattlers in der Kirchgasse, wo der Chronist das »bedeutendste Geschäftshaus« ganz Bayerns angesiedelt sah, wirkte unscheinbar.

Die bereits Ende des 18. Jhs. sichtbar gewordenen Ansätze zur Frühindustrialisierung kamen erst in bayerischer Zeit voll zum Tragen. Zu reichsstädtischer Zeit wäre der nun einsetzende wirtschaftliche Aufschwung undenkbar gewesen – zu sehr behinderten Kleinstaaterei und Zollschranken den Handel. Erst die Integration in das bayerische Königreich, das Zugang zu einem ungleich größeren Markt bot und produktiven Kräften keine Fesseln anlegte, ermöglichte in der ersten Hälfte des 19. Jhs. einen gewaltigen Entwicklungsschub.

Nach dem endgültigen Übergang an Bayern wurde Schweinfurt erstmals Verwaltungsmittelpunkt für sein Umland. Nicht mehr nur die vier Territorialdörfer Oberndorf,

Zell, Weipoltshausen und Madenhausen, sondern auch die Orte des früher würzburgischen Amtes Mainberg und die ehemaligen Reichsdörfer Sennfeld und Gochsheim kamen zum Landgericht Schweinfurt.

Innerhalb eines Jahrzehnts stieg der aus Kassel nach Schweinfurt gekommene Kaufmann Wilhelm Sattler zum mit weitem Abstand bedeutendsten Unternehmer auf. Er machte

DAS SCHWEINFURTER GRÜN

Um 1800 kam es in der Chemie zu zahlreichen Neuentdeckungen, die in der Fachliteratur veröffentlicht wurden, ohne dass man sofort die Möglichkeiten einer kommerziellen Verwertung erkannte. 1814 las Wilhelm Sattler in den Crell´schen Annalen von einer neuartigen Grünfarbe, die sich durch besondere Leuchtkraft auszeichne. Es handelte sich um eine Verbindung aus Grünspan und Arsenik. Zusammen mit seinem Apotheker-Kompagnon Friedrich Wilhelm Ruß experimentierte Sattler so lange, bis er den Weg zur fabrikmäßigen Herstellung des von ihm so getauften »Schweinfurter Grüns« gefunden hatte. Die chemische Formel dazu lautet $Cu(CH_3COO)_2 \cdot 3Cu(AsO_2)_2$.

Die neue Farbe fand wegen ihrer Leuchtkraft und der besonderen Eigenschaft, ihren ursprünglichen Ton auch bei künstlichem Licht beizubehalten, sofort reißenden Absatz. Das »Schweinfurter Grün« wurde zu einer Modefarbe der ersten Hälfte des 19. Jhs. und trug den Namen der Stadt in die ganze Welt hinaus. Sattler brachte es Reichtum und den Ruf eines der führenden Fabrikanten seiner Branche.

Noch Ende der 1840er-Jahre, als die hochgiftige Eigenschaft der Farbe schon bekannt war, galt sie wegen ihrer Frische und Haltbarkeit unter Tapetenfabrikanten als »schlechterdings unentbehrlich«. 1887 wurde die Verwendung in Räumen wegen der damit verbundenen Gesundheitsgefahren endgültig verboten. Zuletzt fand das »Schweinfurter Grün« vor allem in der Schädlingsbekämpfung noch Verwendung. Produziert wurde von 1814 bis 1929 vornehmlich in Schonungen. Die im Jahr 2000 entdeckten Altlasten der Farbenfabrik müssen bis 2015 für 40 Mio. Euro entsorgt werden.

während der Napoleonischen Kontinentalsperre gegen England ab 1810 mit einem aus Kartoffelmehl und Stärke gewonnenen Sago-Ersatzstoff (Verdickungsmittel) große Gewinne. Ab 1814 produzierte er in der Schonunger Farbenfabrik das »Schweinfurter Grün« und wurde damit reich. Das erwirtschaftete Kapital investierte Sattler in eine Tapetenfabrik auf Schloss Mainberg (1822), eine Zuckerfabrik im ehemaligen Spital (1826) und eine Steingutfabrik in Schloss Aschach (1829). Das ehemalige reichsstädtische Zeughaus machte er zum Lagerhaus seiner Produkte. Als Multi-Unternehmer war Sattler in verschiedenen Branchen tätig. 1840 beschäftigte er insgesamt etwa 700 Arbeiter und war damit der größte industrielle Arbeitgeber Bayerns. Seinen Zeitgenossen galt er als »Schweinfurter Crösus«.

Neben Sattler gab es ein gutes Dutzend weiterer Betriebe aus dem Bereich Farben (Gademann, Stolle, Wolff & Co., Wirsing), der Nahrungs- und Genussmittelbranche (Pohl, Merck, Wüstenfeld, Stepf, Hirsch), der Lederherstellung (z. B. Bach) und der Seifen- und Lichterproduktion (z. B. Kraus). Im beginnenden Zeitalter der Dampfmaschinen erlebte der Mühlenbau in Schweinfurt nochmals eine Renaissance. 1806 nahm die bis heute bestehende Cramer-Mühle auf der Böckleinsinsel ihren Betrieb auf. Unterhalb der Mainbrücke errichtete man nach 1841 drei Mühlengebäude, darunter eine amerikanische Kunstmühle und eine Spinnmühle. Auch heute exotisch anmutende Fabriken für Zündhütchen, Streichhölzchen, Zichorienkaffee, Salpeter und Pottasche waren vertreten. Der Treppenturm des Rüfferhauses wurde um vier Stockwerke erhöht und beherbergte Bayerns einzige Schrotkugelfabrik (gegr. 1818). Mit vollem Recht sprach eine Reisebeschreibung »von einer hohen Blüte des Handels und Gewerbefleißes, zu der sich die Stadt erhoben hat«.

Schon damals produzierten die Firmen nicht allein für den einheimischen, also bayerischen Markt. Sie exportierten in die anderen deutschen Staaten, aber auch nach Frankreich, in den Benelux und nach Russland. Eine wichtige Rolle spielten deshalb die Transportwege. Von einem zusammenhängenden überregionalen Straßenverkehrsnetz war man noch weit entfernt. Über die noch in fürstbischöflicher Zeit errichtete Chaussee Würzburg–Eisenach (die spätere B 19) war Schweinfurt an den Nord-Süd-Verkehr angebunden. Eine zeitgemäße Verbindung in Richtung Bamberg (die heutige B 26) entstand mit einer 1829 bis Mainberg fertiggestellten Chaussee, die erstmals eine hochwasserfreie, ausreichend breite und befestigte Fahrbahn in östliche Richtung bot. Auch die Straßen nach Königshofen/Hildburghausen und Gerolzhofen/Wiesentheid (die spätere B 286) wurden in jenen Jahren neu trassiert.

Die bayerische Regierung favorisierte damals den Bau von Wasserstraßen. Zwei Mainschleifen unterhalb von Oberndorf wurden deshalb 1823/24 durchstochen und der Flusslauf so begradigt. In den Jahren um 1830 sorgte der Staat für eine verbesserte Wassertiefe (mindestens 90 cm) und sicherte die Uferböschungen. Als diese Maßnahmen durchgängig bis Bamberg abgeschlossen waren, konnte 1841 erstmals ein Main-Dampfschiff verkehren. Weil dieses jedoch zu breit für die 1836–1839 auf Höhe der Mainbrücke erbaute Kammerschleuse war, musste bei der Durchfahrt ein Rad abmontiert werden. Nicht nur wegen solcher Widrigkeiten besaß die Dampfschifffahrt keine Perspektiven. Die Lastkähne der Schweinfurter Schiffer wurden flussaufwärts wie seit Jahrhunderten von Pferden auf dem Leinritt gezogen. Nach Fertigstellung des Ludwig-Donau-Main-Kanals 1846 vervielfachte sich der Hafenumschlag in Schweinfurt innerhalb weniger Jahre. Insgesamt aber erfüllten sich die mit dem Mainausbau verbundenen Hoffnungen nicht. Für die meisten der traditionsreichen Mainschiffer kam schon wenig später das Aus.

Konkurrenz, der sie sich rasch geschlagen geben mussten, trat in Gestalt der ungleich schnelleren und zugkräftigeren Eisenbahn auf den Plan. 1852 erreichte die Ludwigs-West-Bahn, von Bamberg kommend, Schweinfurt; zwei Jahre später war die Verbindung bis Würzburg hergestellt. Der Streckenverlauf innerhalb der Stadtgrenzen war unter der Bürgerschaft heftig umstritten. Ursprünglich geplant war eine Nordumfahrung mit Bahnhof westlich des Obertors etwa in Höhe der Neutorstraße, weil südlich zwischen Stadtmauer und Main nicht genügend Platz für die Gleise zu sein schien. Dieser Enge zum

Trotz forderten die am Marienbach ansässigen Unternehmer eine ihren Fabriken näher gelegene Trasse entlang des Maines und setzten sich damit durch. Die Entscheidung fiel also wirtschaftsfreundlich aus; städtebaulich gesehen war sie eine Katastrophe: Die Stadt hat damit zwischen sich und dem Main ein dauerhaftes, schwer zu überwindendes Hindernis geschaffen.

Trotz des Aufschwungs von Industrie und Handel stieg die Einwohnerzahl Schweinfurts im Vergleich nur mäßig auf 7350 (1840). Es zählte damit nur wenige hundert Köpfe mehr als Kitzingen. Die allgemeine wirtschaftliche Lage war keineswegs günstig. Größter Verlierer waren die traditionellen Handwerke, die um über die Hälfte schrumpften. Die deutschlandweit zu beobachtende Verarmung veranlasste auch in Schweinfurt nicht wenige zur Auswanderung nach Amerika.

Vom Niedergang erfasst wurde in dieser Zeit auch der Weinbau. Um 1800 waren noch etwa 250 ha (10 % der damaligen Fläche der Stadt) mit Reben bepflanzt gewesen. Deren Bedeutung für das Wirtschaftsleben der Stadt zeigt sich in der öffentlichen Wahrnehmung. Regelmäßig berichtete die Zeitung über den Reifegrad, die Schließzeiten der Weinberge, den Lesetermin, schließlich über die Öchslegrade des Mostes. Die Weinlese glich einem Volksfest, Rückert nennt sie den »Glanzmoment der hiesigen Stadt«.

Das fröhliche Singen bei der Weinlese wurde zum Ausgangspunkt für die Gründung des Gesangvereins »Liederkranz« (1833). Schon sechs Jahr zuvor war zur Pflege der Geselligkeit für die »wohlhabenderen und gebildeten Klassen« die »Harmonie« aus der Taufe gehoben worden. Beide Vereine wurden maßgeblich von der Familie Sattler gefördert, u. a. durch den Bau des »Harmonie«-Gebäudes (1835). Das Vereinswesen fasste auch auf sozialem Gebiet Fuß: Ergänzend zu den städtischen Einrichtungen und den wohltätigen Stiftungen vermögender Bürger traten der 1826 gegründete »Frauenverein«, der mittellose Frauen unterstützte, und das »Institut für kranke Dienstleute« (1829) hinzu. Einer sozialen Intention, Handwerksgesellen die Bildung von Rücklagen zu gestatten, diente auch die vom Magistrat 1823 gegründete Sparkasse.

Auf dem Bildungssektor hatte der bayerische Staat eine Höhere Bürgerschule zunächst für ausreichend erachtet. 1829 konnte endlich das traditionsreiche, 20 Jahre zuvor aufgelöste Gymnasium wieder begründet werden. 1833 folgte die Gewerbeschule. Die starke Stellung des Handels und Gewerbes zeigte sich auch bei der regen Beteiligung Schweinfurter Unternehmer an der Gründung der Industrie- und Handelskammer 1843 und des örtlichen Gewerbevereins 1849. Die schwierigen wirtschaftlichen Rahmenbedingungen der Vormärzzeit meisterte Schweinfurt dank seiner erfolgreichen Unternehmer deutlich besser als andere Städte. Unzufriedenheit aber entstand durch die von monarchischer Seite verordnete politische Stagnation, die liberales Gedankengut, Demokratie, nationale Einheit, Vereins- und Pressefreiheit jahrzehntelang unterdrückte.

Das revolutionäre Schweinfurt I: 1848/49

In kaum einer anderen bayerischen Stadt fielen die Forderungen der Revolution von 1848/49 auf derart fruchtbaren Boden. Zum »Sonderfall Schweinfurt« beigetragen hat sicher das Verhalten des wirtschaftlich erfolgreichen Großbürgertums, das sich mit Handwerkern und Arbeitern verbündete. Das mit dem Aufblühen der Industrie gestiegene Selbstbewusstsein ließ auch in politischer Hinsicht Wünsche reifen, deren Umsetzung die Menschen nicht mehr allein den Fürsten überlassen wollten. Als der König am 6. März 1848 umfassende Reformen ankündigte, sich zur Einheit der Nation bekannte und die Einberufung einer deutschen Nationalversammlung befürwortete, löste dies in Schweinfurt allgemeine Begeisterung aus. Neben weiteren Vereinen gründete sich die Turngemeinde, die weit mehr als nur sportliche Betätigung bieten wollte. Dort traf man sich auch zum »Politisieren« und trug die schwarz-rot-goldenen Farben am Revers. Auch der 1833 gegründete Liederkranz wurde zu einem Kristallisationspunkt der Einheits- und Freiheitsbewegung.

Über mehrere Monate hielt sich politische Unruhe in der Stadt. Die Feier aus Anlass des königlichen Geburtstages musste mangels Beteiligung fast abgesagt werden. Zu einem Höhepunkt geriet die Volksversammlung auf dem Roßmarkt am 1. April 1849, auf der sich bis zu 4000 Menschen gegen die bayerische Monarchie und den Klerus, aber für Demokratie und deutsche Einheit aussprachen. Fünf Wochen später, am 8. Mai, legten Stadt- und Landwehr den Eid auf die von der Frankfurter Nationalversammlung verabschiedete Verfassung ab. Als einzige in Bayern brachen die Schweinfurter Aufrührer damit ihren gegenüber dem König geleisteten Eid.

Wie ernst es weiten Kreisen in ihrem Willen zum gewaltsamen Aufbegehren war, zeigt das Beispiel des Frauenvereins, der sich satzungsgemäß auch um verwundete Freiheitskämpfer sorgen wollte. Mit Sattlerschem Geld hatte man sich Munition und militärisches Gerät besorgt. Als klar wurde, dass die Schweinfurter Bewegung in Bayern isoliert blieb, bildete sich ein Freischarenzug, der den Aufständischen in Baden zu Hilfe kommen wollte. Dieser kam gerade einmal bis Tauberbischofsheim. Dort trafen von den angekündigten 900 Freischärlern nur etwas über 60 ein, die entwaffnet und davongejagt wurden.

Anfang Juli verhaftete die Obrigkeit sechs Wortführer, darunter Wilhelm Sattler jun. Ein Infanterieregiment rückte am 14. Juli in Schweinfurt ein, um die Aufständischen zu entwaffnen und deren strafrechtliche Verfolgung sicherzustellen. Die Landwehrmitglieder mussten öffentlich ihren Ungehorsam bereuen und den Eid auf die deutsche Verfassung zurücknehmen.

Schweinfurt war in dieser Zeit nach Auffassung des Regierungspräsidenten »eine Hochburg des Freiheitsstrebens, von einem frivolen Geist beherrscht, der alle kirchlichen Bindungen zu zerstören trachtete«. Er spielte damit auf die am 4. April 1849 auf dem Höhepunkt der Revolution gegründete Deutschkatholische Gemeinde an, die überkonfessionell eine nicht von Rom abhängige, christliche Freikirche zum Ziel hatte. In dieser Gemeinde sah die Obrigkeit einen wesentlichen Faktor für das enorme Anschwellen der Aufstandsbewegung. Mit ihren 120 Mitgliedern aber zählte die Schweinfurter Gruppe nicht zu den großen in Franken. Aufmerksamkeit zog sie vielmehr durch das spektakuläre Engagement der Familie Sattler auf sich, die

Die Volksversammlung auf dem Roßmarkt am 1. April 1849, auf der sich die Redner gegen Monarchie und Klerus wandten.

den Bau der einzigen deutschkatholischen Gemeindehalle ermöglichte. 1851 sollte die Regierung die Bewegung landesweit verbieten.

Die Revolution von 1848/49 war in Schweinfurt von breiten Kreisen der Bevölkerung getragen gewesen. Jene 30 Vereine, die sich 1848/49 im Streben nach politischer Teilhabe und deutscher Einheit formiert hatten, lösten sich 1850 auf oder wurden verboten. Die führenden Köpfe von 1848/49 begnadigte der König im folgenden Jahr; sie waren später nicht mehr politisch aktiv, der Stadtbaurat Gindele und Wilhelm Sattler jun. wanderten nach Amerika aus.

Zwischen den Zeiten – die Ära Schultes

Auf die turbulente Revolutionszeit folgte für vier Jahrzehnte eine Phase kontinuierlicher Weiterentwicklung. 1853 wurde der 29-jährige Carl Schultes, auf den die Öffentlichkeit im Gefolge der Revolution erstmals aufmerksam geworden war, zum Bürgermeister gewählt. Der Jurist hatte für einen der angeklagten Aufrührer einen Freispruch erreicht. Ins Amt gekommen als vermeintlicher Revolutionär, zeigte er in seiner Amtszeit bis 1896 jedoch eine allzeit staatstreue Gesinnung. Zahlreiche Projekte sind mit seinem Namen verbunden: die Neubauten für die Gewerbeschule (1855, später (Ober-)Realschule) sowie für die Mädchen- (1861) und Knabenschule (1864) am Kirchplatz, die Gasfabrik am Marienbach (1857), die städtische Wasserleitung (1862), die Maxbrücke (1858) und schließlich der Viehhof am Ende der Hirtengasse (1897). An Stelle der 1890 abgebrochen Fleischbänke entstand das neue Postgebäude. Neben dem 1846 westlich der Stadtmauer, am heutigen Standort des Justizgebäudes eröffneten Spital traten auf sozialem Gebiet Initiativen aus dem Umfeld der evangelischen Kirche hervor, in denen die heutige Diakonie ihre Wurzeln sieht: das »Waisen- und Rettungshaus Marienthal« am oberen Marienbach (1854), der »Verein zur Unterstützung von bedürftigen durchreisenden Handwerkern« (1880) und die zwei Jahre später eröffnete Diakonissenanstalt. Der »Hilfsverein zur Unterstützung verwundeter und erkrankter Krieger« (1867 für Männer, 1870 für Frauen) wurde zum Vorläufer des Roten Kreuzes. Die seit Jahrhunderten als öffentliche Aufgabe anerkannte Feuerbekämpfung lenkte man mit Gründung der Freiwilligen Feuerwehr (1854) in eine neue organisatorische Bahn.

Nach zehn Jahren im Amt glaubte Schultes die Stadt auf einem guten Weg. Angesichts des Ausbaus der Infrastruktur und der gleichzeitigen Schuldenreduzierung prophezeite er der nächsten Generation eine »beneidenswerte Erbschaft«. Mit Recht war er stolz auf das bisher Erreichte. Anzeichen für eine deutliche Beschleunigung des Wachstums gab es zu diesem Zeitpunkt keine. Die Bevölkerung hatte sich seit dem Ende der reichsstädtischen Zeit zwar auf 10 000 verdoppelt, im landesweiten Vergleich aber kann die Entwicklung lediglich als durchschnittlich gelten. Nur punktuell hatte die Bautätigkeit bis 1868 die Stadtmauern übersprungen. Angesichts des gestiegenen Verkehrsaufkommens jedoch war der Abbruch der verbliebenen Stadttore unumgänglich. Dieser änderte die Physiognomie der Stadt, machte das ohnehin nicht mit vielen Glanzlichtern gesegnete Stadtbild eintöniger.

Anfang der 1870er-Jahre setzte die nächste Phase der Stadtentwicklung ein: Nun endlich überwand die Stadt die mittelalterlichen Befestigungsanlagen. Die Eröffnung des »Centralbahnhofs« (1874) knapp zwei Kilometer westlich des Stadtzentrums schon auf der Gemarkung von Oberndorf bedeutete in dieser Hinsicht einen Meilenstein. Notwendig geworden war die größere Anlage nur 22 Jahre nach Einweihung des (Stadt-)Bahnhofs wegen der neuen Verbindungen nach Kissingen und Meiningen. Um 1880 breitete sich die Wohnbebauung auf der östlichen Seite des Marienbachtales (Gartenstraße) immer stärker aus. Nach Norden in Richtung des neuen Städtischen Friedhofs (1874) bildete die Neutorstraße eine Entwicklungsachse. Im Westen konnte das Wachstum erst 1891 mit der Anlage der Luitpoldstraße in geordnete Bahnen gelenkt werden. Historistische Architektur der Gründerzeit bereicherte nun das bisher so schlichte Stadtbild. Im Bereich der Bildungseinrichtungen wurden die Höhere Töchter- (1878), die Real- (1877) und die Steinwegschule (1880) ebenso wie die gewerbliche (1878) und die kaufmännische Fortbildungsschule (1884), die späteren Berufsschulen, neu gegründet, das Gymnasium erhielt einen Neubau (1881). Auch die Anfänge der städtischen Musikschule, die heute in der ehemaligen Steinwegschule untergebracht ist, reichen in diese Zeit zurück (1872). In der »Wehr« am gegenüberliegenden Mainufer war eine öffentliche Grünanlage mit Spazierwegen geschaffen worden, in der ab 1880 ein kleiner Zoo seine Heimstatt fand. Dort am Mainufer eröffnete schließlich 1896 auch eine städtische Schwimmschule.

Nach dem Ende der reichsstädtischen Zeit hatten sich 1814 mit Michel Moyses und seinem Sohn Kusel aus Schonungen erstmals nach 259 Jahren wieder Juden in der Stadt ansässig machen dürfen. In der Anfangszeit hatten beide die königliche Landesdirektion in Würzburg noch um Schutz vor den Übergriffen der Schweinfurter bitten müssen. Die Zahl der Juden war durch den Matrikelparagraphen zunächst reglementiert: Erst als dieser 1861 aufgehoben wurde, verstärkte sich der Zuzug vom Land. 1880 zählte man 415 Juden (3,3 % der Einwohner). Im Einzelhandel der aufblühenden Industriestadt gab es zahlreiche jüdische Geschäfte, besonders im Wein- und Viehhandel spielten Juden eine wichtige Rolle. Gleiches gilt für die Industrialisierung: Seit den 1870er-Jahren stiegen die Schuhfabriken von Silberstein & Neumann (Obertor) sowie Heimann (Cramerstraße) zu bedeutenden Arbeitergebern mit mehreren hundert Beschäftigten auf. 1874 hatte sich die Israelitische Kultusgemeinde in der Siebenbrückleinsgasse eine Synagoge errichtet, in der mit dem liberalen Rabbiner Mayer Lebrecht (1840–1890) und seinem orthodoxen Nachfolger Dr. Salomon Stein (1890–1934) weit über Schweinfurt hinaus bekannte Persönlichkeiten wirkten.

Das Adressbuch von 1879 nennt zwei politische, sieben wissenschaftliche, 28 Wohltätigkeits-, zehn Gewerbe- und 13 gesellige Vereine. Zu den wichtigen, bis heute bestehenden Neugründungen der Ära Schultes zählen der Sängerverein Thalia 1860, die Sängerlust von 1867, die »Zimmerstutzen-Gesellschaft Freischütz« (1875; nach dem Zweiten Weltkrieg fusioniert mit den »Bürgerlichen Schützen von 1433«) und der Rhönklub (1883). Als gemeinsame Veranstaltungshalle errichteten sieben Vereine 1887 auf der Schad'schen Schanze (im Bereich des heutigen Theaters) den legendären »Saalbau« (1945 zerstört). Auf sportlichem Gebiet hatte sich 1860 die zehn Jahre zuvor aus politischen Gründen verbotene Turngemeinde und nur zwei Jahre später der TV Oberndorf 1862 neu formiert. In den folgenden Jahrzehnten traten der Ruderclub 1882 und der TV Jahn (1895) hinzu. Damals schlossen sich auch die immer zahlreicher werdenden Freunde des Velocipeds in Vereinen zusammen, u. a. dem RV 1889 und der RVgg »Germania« 1892. Kaum jemand ahnte damals, welch epochale Bedeutung das Fahrrad für die wirtschaftliche Entwicklung der Stadt in naher Zukunft gewinnen sollte.

Aus dem Bereich der Naturwissenschaften verdient in der zweiten Hälfte des 19. Jhs. insbesondere die bedeutende Sammlung heimischer Pflanzen durch den Pfarrer Dr. Emmert Erwähnung, der seine Ergebnisse 1852 unter dem Titel »Flora von Schweinfurt« veröffentlichte. In diesen Kontext gehört auch die Gründung des Naturwissenschaftlichen Vereins

Schweinfurt (1862). Die Brüder Schuler stifteten der Stadt 1892 ihre heute im Harmoniegebäude gezeigte Vogelsammlung. Die erstmalige Ausstellung der im Besitz der Stadt befindlichen Kunstgegenstände 1890 gilt als Gründungsjahr der Museen und Galerien der Stadt Schweinfurt.

Zur Verschönerung des Marktplatzes errichteten die Stadtväter im Jahr 1890 dem damals bekanntesten Sohn der Stadt, dem Dichter und Sprachgelehrten Friedrich Rückert, ein künstlerisch durchaus gelungenes Denkmal. Aus heutiger Sicht ist man dankbar, dass die Stadtväter den Musen huldigten und nicht der Idee eines Bismarck- oder Kaiser-Wilhelm-Denkmals verfielen. Auf Initiative der Kriegervereine entstand für die Gefallenen des Einigungskrieges von 1870/71 im Alten Friedhof ein Ehrenmal, das 1895 eingeweiht wurde. Seitdem feierten die Soldatenvereine im größeren Rahmen als wiederkehrendes Ritual am Sedantag (2. September) den Sieg über Frankreich.

Der wilhelminische Militarismus dominierte in Schweinfurt gleichwohl nicht in derselben Weise wie andernorts. Das politische Klima der Stadt galt auch nach der Revolution von 1848/49 als liberal. Knapp zwei Jahrzehnte nach dem Verbot politischer Parteien hatte sich 1868 wieder ein »Bürgerverein« für Wahlzwecke konstituiert. Eine liberal-konservative Ausrichtung kennzeichnete das seit 1856 erscheinende »Tagblatt«. Ebenso in den liberalen Kontext gehört die Gründung der Freimaurerloge »Brudertreue am Main« (1868). Der von Bismarck gegen den Katholizismus vom Zaun gebrochene »Kulturkampf« hat vor diesem Hintergrund ebenso wenig tiefere Spuren hinterlassen wie die Sozialistengesetze. Auch spielten Arbeiter und Katholiken in der weiterhin protestantisch geprägten Stadt noch nicht die Rolle, die ihnen im 20. Jh. zuwachsen sollte.

Neben den traditionellen chemischen Fabriken hatten um 1880 sieben metallverarbeitende Betriebe, eine Gelatinefabrik und eine Ultramarinfabrik sowie zwei Schuhfabriken ihren Betrieb aufgenommen. In deren Gefolge formierten sich auch die Arbeiter. Schuhmacher (1884) und Metallarbeiter (1889) gründeten Gewerkschaften. 1889 trat ein »Wahlverein zur Erzielung volksthümlicher Wahlen« auf den Plan, aus dem wenig später die SPD hervorging. Im selben Jahr rief die Stadt

Bis 1890 wurde das Schweinfurter Wirtschaftsleben von einer Vielzahl kleinerer Fabriken geprägt, deren Standorte mitten in der Stadt durch die rauchenden Schlote markiert werden.

auch die Allgemeine Ortskrankenkasse ins Leben, die in den Anfangsjahren in Konkurrenz zu den freiwilligen Unterstützungskassen der Arbeiter und den Betriebskrankenkassen der Fabriken nur langsam wuchs.

1890 war für Außenstehende noch nicht erkennbar, dass eine außergewöhnliche Expansion unmittelbar bevorstand. Während in Städten wie Nürnberg, Augsburg und Hof die Industrialisierung bereits auf Hochtouren lief, verharrte die Einwohnerzahl Schweinfurts zwischen 1880 und 1890 bei etwa 12 500. Den Produkten der einstmals führenden Farbenfabriken von Sattler und Gademann hatten die Anilinfarben (BASF, Bayer, Höchst) den Rang abgelaufen. Auch den am Markt etablierten Fabriken der Metallverarbeitung mangelte es offenbar an größerem Innovationspotential. Die längste Zeit der über 40-jährigen Ära Schultes verlief die Entwicklung der Stadt somit durchschnittlich. Auf die rasante frühindustrielle Entwicklung in der ersten Hälfte des 19. Jhs. und die Turbulenzen der Revolution von 1848/49 folgten vier Jahrzehnte der kontinuierlichen Fortentwicklung, die schließlich in Stillstand zu enden drohte. Erst im letzten Jahrzehnt des 19. Jhs. sollte Schweinfurt den Standstreifen verlassen und ab 1903 schließlich auf die Überholspur wechseln.

Bau- und Kunstdenkmäler des 19. Jahrhunderts

Neben alt eingesessenen Familien wie denen von Berg, Cramer, Gademann oder Stepf prägte vor allem der Farbenfabrikant Wilhelm Sattler (1786–1859) die erste Hälfte des 19. Jhs. Mit seiner Frau Catharina trug er zudem auf Schloss Mainberg eine große Kunstsammlung zusammen. Hauptstück war Tilman Riemenschneiders Münnerstädter Magdalena, die seit 1901 das Bayerische Nationalmuseum in München ziert.

Friedrich Wilhelm Wolf errichtete 1830 im Stil des Spätklassizismus an der Straße nach Niederwerrn ein Ausflugslokal, das er stolz »Bellevue« nannte. Überhaupt scheinen die Wirte zu den Gewinnern von Mediatisierung und Napoleonischen Kriegen gehört zu haben: Selbstbewusst erinnert seit 1803 am »Schwarzen Adler« in Oberndorf das Relief eines Adlers an das frühere reichsstädtische Wirtshausmonopol, und das »Rote Ross« konnte sich bereits 1806 einen Erweiterungsbau leisten.

1826 erwarb der evangelische Dekan Peter Friedrich Christian Endres (1787–1831) die Schanze nordöstlich des Weißen Turms und errichtete dort eine Villa im antiken Stil. Manche vermuten in dem 1957 leider abgebrochenen Bau einen Entwurf

Voller Stolz ließ sich die Gesellschaft Harmonie 1835 nach Plänen von Anton Daug ein eigenes Gebäude errichten. – Radierung von Andreas Friedrich Kornacher, 1835.

von Leo von Klenze. Eduard von Berg erbaute im Jahr 1860 Am Unteren Marienbach 2 ein neoklassizistisches Wohnhaus. Später ging es an den Maurermeister Michael Siebenson über, der dort 1898 die älteste der heute noch tätigen Baufirmen gründete.

Von bürgerlicher Kultur kündet das Harmoniegebäude am Main für die 1827 auf Anregung von Catharina Sattler gegründeten Gesellschaft Harmonie. Das stattliche klassizistische Bauwerk wurde 1835 nach Plänen des Würzburgers Anton Daug errichtet.

Der zwischen 1826 und 1829 an der neuen Straße nach Mainberg erbaute Ludwigs-Brunnen zeugt ebenfalls vom neu erwachten Bürgerstolz. Die nach Plänen des Oberbaurats Johann Nepomuk von Pertsch (München) aus Sandstein errichtete Brunnenpyramide ist dem bayerischen König Ludwig I. gewidmet.

Schweinfurt war im späten 18. und im 19. Jh. eine Stadt der Gärten und Gartenhäuser. Den von Christoph Friedrich Gademann (1783–1857) am Theilberg angelegten Garten hielt um 1840 Andreas Friedrich Kornacher im Bild fest. Von seinem Musikpavillon, seinen Glashäusern für Orchideen und dem Orangeriepavillon hat sich nur Letzterer erhalten.

An der Mainleite wurde im Staatswald Hain das Forsthaus »Dianenlust« im Jahr des 25. Regierungsjubiläums König Max I. Josephs (1824) erbaut. Das Haus war früher ein gerne aufgesuchtes Ziel für Sommerfeste.

Auf der Westseite des Marktplatzes Nr. 31 errichtete Johann Philipp Stepf im Jahr 1840 ein stattliches Haus nach Entwürfen des Stadtbaumeisters Georg Gindele. Als eines der wenigen Häuser um den Marktplatz hat das Gebäude die Bomben des Zweiten Weltkrieges überdauert.

Ein Meilenstein beim Ausbau der Stadt im Westen war das zwischen 1844 und 1846 erbaute neue Spital mit beachtlichem Park. 1903 musste es allerdings dem Justizpalast weichen.

Gefördert von Jens Sattler (1810–1880) errichtete die deutschkatholische Gemeinde am Schillerplatz 1849 ein Bethaus in Gestalt eines neoklassizistischen Tempels. Nach Auflösung der Gemeinde 1851 nutzte man es für Theateraufführungen und Konzerte. Durch ein großzügiges Vermächtnis von Susette Sattler ging der Bau an die Stadt, wurde jedoch im Zweiten Weltkrieg zerstört.

1855 wurde vor dem Spitaltor eine Gewerbeschule erbaut, die heute Sitz der Rückert-Grundschule ist. Außerdem entstanden Mitte des Jahrhunderts erste moderne Technikbauten. Am Ort der 1841 abgebrochenen reichsstädtischen Mainmühle wurden nach Plänen des Georg Gindele und des Mechanikers Danner aus Zürich eine sogenannte amerikanische Kunstmühle sowie eine Loh-, Schneid-, Walk- und Schleifmühle errichtet. 1846 folgte auf dem Areal dazwischen die fünf Stockwerke hohe Spinnmühle. Bei einem Brand wurde das Gebäude 1911 samt aller Maschinen vernichtet.

Bereits 1835 kam eine Eisenbahnlinie von Bamberg bis Aschaffenburg ins Gespräch. Nach langer Diskussion über die Trasse wurde 1846 die Führung der Ludwigs-Westbahn entlang des Maines beschlossen. Den Stadtbahnhof hatte Architekt Gottfried Neureuther entworfen. Neben dem Bamberger Bahnhof ist der Schweinfurter der einzig erhaltene Großbahnhof dieser Zeit an dieser Strecke. Ein technisches Denkmal war auch das 1857 eröffnete Gaswerk am Oberen Marienbach.

Das 1890 feierlich eingeweihte Rückert-Denkmal auf dem Marktplatz erinnert an den in Schweinfurt geborenen Dichter und Orientalisten Friedrich Rückert (1788–1866).

Der Kunstgärtner Carl Weiß erbaute 1864 nördlich des Bahnhofs nach den Plänen von Maurermeister Tauber ein Wohnhaus. Der zugehörige polygonal gebrochene Pavillon mit flachem Dach und Rundbogenfenstern diente ursprünglich zur Zucht von Victoria-Regia-Seerosen.

Ein Denkmal sozialer Fürsorge in der Stadt ist das »Haus Marienthal« (Oberer Marienbach 7). Ein 1849 gegründeter »Hülfsverein« hat dieses »Waisen- und Rettungshaus« bis 1854 errichtet. Seinen Namen erhielt es zu Ehren der bayerischen Königin Maria (Marie von Preußen, 1825–1889).

An den Dichter und Orientalisten Friedrich Rückert (1788–1866) erinnert seit 1867 eine von Heinrich Scheffer (Stuttgart) gestaltete Bronzetafel an seinem Geburtshaus am Markt 2. Aus Anlass seines 100. Geburtstags errichtete man ferner ein Brunnendenkmal auf dem Markt nach Entwürfen des Architekten Friedrich Ritter von Thiersch (1852–1921) und des Bildhauers Wilhelm von Ruemann (1850–1906; beide München), das 1890 feierlich übergeben werden konnte. Es stellt Rückert in der Pose des gelehrten Dichters auf seinem Thron vor. Zu seinen Füßen lagern allegorische Figuren, die an die »Geharnischten Sonette« und die »Weisheit des Brahmanen« erinnern sollen, zwei Hauptwerken Rückerts.

Am Ort der einstigen Burg der Schweinfurter Markgrafen hatte 1871 bis 1873 Georg Carl Gottlieb Sattler (1818–1883) nach Entwürfen von Jacob Lieblein (Frankfurt) ein historistisches zweigeschossiges Belvedere mit Zinnenkranz erbauen lassen. 1874 schmückten die Maler Johann Ernst Sattler und Hans Thoma das Turmzimmer aus. Heute ist es das einzige Deckenbild Thomas, das sich am Ort seiner Entstehung erhalten hat.

Gründerjahre

Nahe dem Marktplatz, im Haus Obere Straße 8, konstruierte Friedrich Fischer (1849–1899) 1883 eine Maschine, mit der erstmals runde Stahlkugeln in großer Stückzahl hergestellt werden konnten (s. Kasten S. 83). Noch ahnte niemand, dass er damit den Grundstein für die großindustrielle Entwicklung der Stadt gelegt hatte. Wohl konnte Fischer für seine Kugeln einen festen Abnehmerkreis gewinnen, der Durchbruch am Markt war ihm aber offenkundig noch nicht gelungen. Innerhalb weniger Jahre verschliss er fünf Teilhaber. Ab 1887 arbeitete Wilhelm Höpflinger (1853–1928) in Fischers Werkstatt, und es

Aus den Anfängen der Kugelproduktion: In der Spinnmühle hatte Friedrich Fischer (rechts) 1892–1896 seine Kugelmühlen aufgestellt.

gelang ihm, dessen Kugelmühle weiterzuentwickeln. Zwei Jahre später machte sich Höpflinger gemeinsam mit Engelbert Fries (1861–1946), einem weiteren Mitarbeiter Fischers, selbstständig. Beide bezogen eine Werkstatt am Zeughaus 7. Just in diesen Jahren erlebte das Fahrrad einen ersten Boom. Die Nachfrage nach hochwertigen Komponenten für Fahrradkugellager stieg enorm.

Der bis dahin geringe Entwicklungsstand der Branche zeigte sich in einem Prozess, den Fischer anstrengte: Er hatte die Kugelmühle erst im Mai 1890 zum Patent angemeldet, zu dem Zeitpunkt, als sich Fries und Höpflinger selbstständig machten. Das Gericht sprach Fischer das Patent zu, erlaubte Höpflinger jedoch die gebührenfreie Nutzung. In der Folge erlebten beide einen ersten rasanten Aufschwung. 1892 verließen sie die bisherigen beengten Räumlichkeiten in der Innenstadt. Aus mechanischen Werkstätten wurden Fabriken. Man lieferte nach England, in die USA, nach Brasilien, selbst nach China.

1896, auf dem Höhepunkt der Konjunktur, waren über 1200 Arbeiter in der Schweinfurter Kugelindustrie beschäftigt. Für die ersten Fabrikarbeiter, die vorher meist Handwerksgesellen und bäuerliche Taglöhner gewesen waren, änderte sich mit Akkord- und Schichtarbeit der Lebensrhythmus grundlegend. Die tägliche Arbeitszeit betrug 12 Stunden (inklusive zwei Stunden Pause). Lärm, Schleifstaub und Schmiermitteldämpfe belasteten die Gesundheit.

HINTERGRUND

DIE KUGELMÜHLE

Kugellager (s. Kasten auf S. 86) kamen zwar ab den 1860er-Jahren im Fahrrad zum Einsatz, konnten sich aber zunächst nicht durchsetzen, weil die Kugeln unter der Belastung, die in der Radnabe wirkt, zerbrachen. Je runder die Kugel, desto belastbarer ist sie. Die von Hand gefertigten Kugeln waren vor 1883 noch nicht wirklich rund und zerbrachen deshalb meist schon nach kurzer Zeit. Die Kugelmühle von Friedrich Fischer löste dieses Problem: Mit ihr gelang es erstmals, harte Kugeln in großen Mengen genau zu schleifen. Wohl war das Grundprinzip, das Schleifen von Kugeln zwischen zwei sich gegenläufig drehenden, rauen Scheiben seit langem bekannt. Fischer aber konstruierte erstmals eine Maschine, bei der die Achse der oberen, schnell drehenden ebenen Schleifscheibe und die der unteren, langsam drehenden Rillenscheibe exzentrisch angeordnet sind. Die Kugeln bekamen dadurch einen Drall, ihre Momentdrehachse änderte sich ständig und am Ende waren sie 20 µ rund.

Gussstahl war um 1890 ein Qualitätsmerkmal und das für die Kugelproduktion am besten geeignete Ausgangsmaterial, vor allem im Vergleich zum Eisen, daher die offiziell etwas umständlichen Firmennamen »Erste Automatische Gußstahlkugelfabrik« (Fischer) bzw. »Deutsche Gußstahlkugelfabrik« (Fries & Höpflinger). 1914 konnte man bereits Kugeln mit einer Rundheit von 2 µ herstellen, 1960 waren 0,4 µ erreicht und heute 0,08 µ. Seit Friedrich Fischer wurde die Genauigkeit der Wälzlagerkugeln damit 250-fach verbessert. Die hohe Präzision der Kugeln hat die Leistungsfähigkeit der Kugellager gewaltig gesteigert.

Vermehrt stellten die Firmen nun selbst auch Kugellager (s. Kasten S. 86) her. Um den Kapitalbedarf für notwendige Investitionen zu decken, wandelten Fries und Höpflinger ihre Firma 1896 in eine Aktiengesellschaft um, im Jahr darauf folgte Friedrich Fischer.

Die neue Fabrik Fischers gegenüber dem Centralbahnhof war für eine Jahresproduktion von 270 Millionen Kugeln ausgelegt; in der Schrammstraße produzierten Fries & Höpflinger 1897 bereits 375 Millionen Kugeln und galten als größte Kugelfabrik Europas. Zu den Pflichten eines börsennotierten Unternehmens gehört die Veröffentlichung der Jahresbilanz. Als Fries & Höpflinger eine 30%-ige Dividende für das Geschäftsjahr 1896/97 bekannt gaben, schossen in ganz Deutschland Nachahmer-Firmen aus dem Boden. Auswärtige Kapitalgeber suchten erfahrene Kugelarbeiter aus Schweinfurt abzuwerben. Ein Jahr später brach der Absatz wegen Überkapazitäten zusammen. Kündigungsschutz und Kurzarbeit waren noch unbekannt. Schnell standen die Arbeiter wieder auf der Straße. Ihre Zahl in den beiden Kugelfirmen betrug im Jahr 1900 nur noch 144.

Schweinfurt verdankt seine erste kurze Blüte als Industriestandort dem zufälligen Zusammentreffen der beiden Pioniere Fischer und Höpflinger. Die Stadt wurde am Beginn der 1890er-Jahre rasch als Zentrum der Kugelproduktion bekannt. So war es dann gewiss kein Zufall mehr, dass 1894 der ambitionierte Mechaniker Ernst Sachs (1867–1932) hierher kam und sogleich Eingang im Hause Höpflinger fand, dessen älteste Tochter er schon im folgenden Jahr heiratete. In Schweinfurt traf Sachs auf ein für seine Pläne anregendes Umfeld. Er meldete ein Patent für eine kugelgelagerte Freilaufnabe an. Gemeinsam mit dem Kaufmann Karl Fichtel (1863–1911) gründete er 1895 die »Schweinfurter Präcisions-Kugellagerwerke Fichtel & Sachs« (F & S). Man produzierte von Sachs entwickelte Fahrradnaben und Kugellager. Doch die ersten Jahre waren hart, die Firma war noch zu klein gewesen, um an der Hochkonjunktur der Jahre 1895–1897 entscheidend zu partizipieren. Während bei Fischer und Fries & Höpflinger die in den Boom-Jahren angelegten Reserven den Bankrott ver-

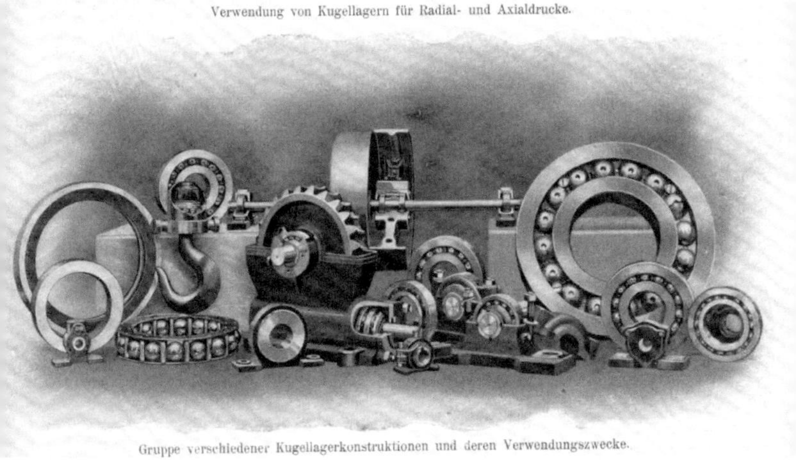

Anwendungsbeispiele für Kugellager aus einem Werbeprospekt von 1911.

hinderten, ermöglichten private Kredite von Höpflinger im Unternehmen seines Schwiegersohnes die notwendigen Investitionen. Trotz aller Schwierigkeiten beschäftigte F & S zur Jahrhundertwende mit 186 Arbeitern bereits mehr Menschen als die beiden älteren Unternehmen zusammen.

Krise und Boom I: Industriegeschichte 1898–1918

Die Hoffnung auf eine schnelle Erholung der Kugelkonjunktur erfüllte sich nicht. Als Fischer mitten in der Krise nur 50-jährig starb (1899), blieb sein Unternehmen führungslos zurück. Auch bei Fries & Höpflinger war die Lage düster: Neue Produkte wie Gaslaternen und Einschlageisen brachten keinen Umsatz, weshalb Engelbert Fries in die Geflügelzucht investierte. Nach fünfjähriger Durststrecke zeichnete sich 1903 schließlich ein Silberstreif am Horizont ab; langsam besserte sich die Auftragslage.

In den Jahren bis zum Ersten Weltkrieg löste das Deutsche Reich Großbritannien als wirtschaftliche Vormacht in Europa ab. Der gewaltige Industrialisierungsschub verstärkte die Nachfrage nach den universell einsetzbaren Kugellagern. Erst jetzt vollzog sich in Schweinfurt der eigentliche industrielle »take off«. Ebenfalls 1903 kam Fichtel & Sachs mit einer Neuentwicklung auf den Markt, die sofort ein Verkaufsschlager wurde: die Torpedo-Freilaufnabe (s. Kasten S. 88). An der

HINTERGRUND

DAS KUGELLAGER

Im Maschinenbau versteht man unter einem Lager ein Element zum Führen gegeneinander beweglicher Teile. Lager mit Kugeln zwischen Innen- und Außenring werden an jenen Stellen eingebaut, wo zuvor allein die Wagenschmiere Reibung und Kraftverlust verringern sollte. Der eine Ring ist fest mit einem starren Bauteil (z. B. Radachse, Karosserie) verbunden, der anderem mit einem beweglichen Bauteil (z. B. Radnabe, Lenker). Die durch Bewegung zwischen beiden Bauteilen entstehende Reibung wird vom Kugellager entscheidend reduziert. Erster größerer industrieller Anwendungsbereich war das Fahrrad, wo das Kugellager seit den 1870ern vermehrt eingebaut wurde.

Vom Fahrrad aus fand das Kugellager Eingang in den allgemeinen Maschinen- und Fahrzeugbau. Bald wurden nicht nur Kugeln, sondern auch andere Wälzkörper (Rollen, Nadeln) eingebaut. Die korrekte Bezeichnung ist deshalb nicht mehr Kugel-, sondern Wälzlager.

Dem Kugellager verdankt Schweinfurt hauptsächlich seine Stellung als Industriestadt. Auch wenn vorher schon in England und Frankreich Kugellager gebaut worden waren, konnten sich Fichtel & Sachs, Fries & Höpfinger und Kugelfischer seit dem Ende des 19. Jhs. gegen internationale Konkurrenz als führende Kugellagerproduzenten profilieren. Nachdem F & S seine Wälzlagerabteilung 1929 verkaufte, teilten sich SKF und Kugelfischer für Jahrzehnte den deutschen Markt.

Heute sind Zehntausende von Wälzlagerausführungen als Standard- und Sonderlager auf dem Markt. Egal ob in Auto oder Eisenbahn, in Motoren und Turbinen, Haushaltsgeräten, der Windkraft, im Space Shuttle der NASA oder im Airbus-Flugzeug: Wälzlager aus Schweinfurt sind weltweit im Einsatz.

An der Schrammstraße wuchsen mächtige Fabrikanlagen von Fichtel & Sachs (links) und Fries & Höpflinger (im Hintergrund) empor, wo Arbeiter massenweise Beschäftigung fanden (1911). Links befindet sich heute das Finanzamt, dahinter die »Stadtgalerie«.

Schrammstraße wuchsen innerhalb eines Jahrzehnts riesige Fabriken empor. Die Mitarbeiterzahl bei F & S verzehnfachte sich bis 1914. Bei Kriegsausbruch standen 3000 Menschen in Lohn und Brot. Mit der bisher in Berlin ansässigen Star Kugelhalter GmbH tätigte Sachs 1909 eine wichtige Akquisition. 1911 eröffnete man Werke in Lancaster / USA, und Tschirnitz / Eger (heute Tschechien).

Sämtliche Kugeln für die Sachs'schen Fahrradnaben und Kugellager kamen vom befreundeten Nachbarn Fries & Höpflinger, der oftmals als »verlängerte Werkbank« von F & S bezeichnet wurde. So nahm die Firma uneingeschränkt teil am gewaltigen Aufschwung (1913: 2000 Beschäftigte), auch wenn es zwischen den beiden Direktoren häufig Krach gab. Ausgangspunkt war meist die bis heute bekannte, oft gegensätzliche Interessenlage von Kaufleuten und Ingenieuren. Engelbert Fries klagte: »Gemeinsame Direktionskonferenzen verliefen meistens resultatlos, da H.[öpflinger] sich stets auf den Standpunkt des Technikers gegenüber dem technisch unwissenden Kaufmann stellte.« In den Jahren ab 1908 betrug die jährliche Dividende auf Fries & Höpflinger-Aktien zwischen 10 und 12 %.

»Kugelfischer« hingegen hatte in den ersten Jahren des neuen Jahrhunderts zunächst den Anschluss verloren. Zwar

HINTERGRUND

DIE TORPEDONABE

Freilauf beim Fahrrad bedeutet, dass sich die Pedalen bergab bei hoher Geschwindigkeit nicht mehr wie bei einer starren Nabe mit drehen. Um 1900 waren etwa 50 Patente für Freilaufnaben bei Fahrrädern angemeldet. Keine konnte sich beim Kunden entscheidend durchsetzen, bis F & S im Jahr 1903 die Torpedo-Freilaufnabe auf den Markt brachte, die sich zum Verkaufsschlager entwickelte und in mehr als 80 Jahren über 280 Millionen Mal verkauft wurde. Ab 1925 wurde sie auch als Dreigangnabe produziert.

Die Torpedonabe war jahrzehntelang Standard an fast jedem deutschen Gebrauchsrad. Das besondere an ihr ist die Rücktrittbremse; davon leitet sich auch der Name ab: In der Tierwelt ist der Torpedo ein Zitterroche (Fisch), der seine Gegner durch Berührung lähmt. Ähnliches ist mit der Rücktrittbremse möglich: Der Fahrer kann sein Rad sofort zum Stehen bringen. Um 1900 war der »Torpedo« in anderem Zusammenhang, als Unterwasserwaffe, überall bekannt. Die bewusste Verfremdung des Begriffs zog Aufmerksamkeit auf sich, ermöglichte eine professionelle Markteinführung und sicherte einen hohen Bekanntheitsgrad.

Das historische Verdienst von F & S ist nicht die erstmalige Erfindung von Freilauf mit Rücktrittbremse und Gangschaltung, sondern die Konstruktion einer diese drei Funktionen vereinigenden, überaus zuverlässigen Fahrradnabe, die industriell und damit kostengünstig für den Verbraucher produziert werden konnte. In der Fahrradgeschichte ist F & S neben dem britischen Hersteller Sturmey & Archer der erfolgreichste Nabenproduzent überhaupt. In den 1980ern jedoch stieg Shimano zum Weltmarktführer auf. 1997 verkaufte Sachs die Nabenproduktion an SRAM.

erfolgte 1905 die Anmeldung des Kürzels »FAG« (Fischers Aktiengesellschaft) als Markenname, das an der Börse gehandelte Unternehmen jedoch wurde zu einem Übernahmekandidaten, den 1909 der Schlossermeister Georg Schäfer (I) (1861–1925) aus der Judengasse erwarb. Schäfer und sein Schwiegersohn Hermann Barthel hatten 1904 mit der Kugellagerproduktion begonnen. Unter ihrer Führung gewann »Kugelfischer« wieder Anschluss an die allgemeine Aufwärtsentwicklung. 1913 zählte man 800 Beschäftigte.

Das Wälzlager besaß im Ersten Weltkrieg noch keine strategische Bedeutung, Panzer und Flugzeuge standen noch am Anfang ihrer Entwicklung. Die Produktion wurde deshalb umgehend auf Rüstungsgüter umgestellt. Vor allem Granaten, Gewehrkugeln und Granatzünder verließen nun die Schweinfurter Werkshallen, was den Firmen Arbeit und den Eigentümern traumhafte Gewinne sicherte. Die F & H-Dividende betrug jährlich 25 %. Natürlich zeichnete man aus vaterländischem Pflichtgefühl heraus Kriegsanleihen. Auch während des Krieges liefen die Investitionen weiter. Da die Anlagen in der Schrammstraße aus allen Nähten platzten, nahm F & S ebenso wie F & H südlich des Hauptbahnhofs entlang der heutigen Ernst-Sachs-Straße neue Werke in Betrieb. Bei Kriegsende waren in der Schweinfurter Industrie mehr Menschen als je zuvor beschäftigt (11 300, über 7000 davon allein bei F & S). An den Maschinen nahmen vielfach Frauen den Platz der zum Kriegsdienst einberufenen Männer ein.

Im Wilhelminischen Zeitalter – die Ära Söldner

In der 22-jährigen Amtszeit des 1897 zum Bürgermeister gewählten Wilhelm Söldner (1857–1929) verdoppelte sich die Einwohnerzahl Schweinfurts auf 28 000. Die erste Boomphase der Industrie sorgte für gesteigerten Zuzug von Arbeitern aus dem Umland: Von 1910 bis 1916 wuchs die Stadt pro Jahr um 1000 Menschen. Die Wohnungsnot wurde für Jahrzehnte zum wichtigsten Problem der Stadtpolitik. In über der Hälfte der Arbeiterwohnungen stand 1896 für die ganze Familie nur ein

Eine Momentaufnahme während der Stadterweiterung der Zwischenkriegszeit: das Umfeld der 1927 eingeweihten Kilianskirche wurde innerhalb weniger Jahre bebaut; im Hintergrund die Niederwerrner Straße.

einziges Zimmer zum Wohnen und Schlafen zur Verfügung. Auswärtige Arbeiter mieteten sich unter der Woche eine Schlafgelegenheit, die während des Tages vom Kollegen der Nachtschicht genutzt wurde. Goldene Zeiten also für Hausbesitzer und Mietspekulanten, aber auch für Wirte, in deren Gasthäusern die Arbeiter ihre Freizeit verbrachten.

Ab 1900 entstanden die Mietskasernen entlang der Wilhelmstraße, die zu Hochburgen der Arbeiterbewegung wurden. Das Gründerzeitviertel wuchs imposant heran. Von der Landwehrstraße im Westen bis zur Friedhofstraße im Norden herrschte rege Bautätigkeit; entsprechend gab es Aufträge für zahlreiche Baufirmen, von denen einige noch heute bestehen (Glöckle, Riedel, Siebensohn).

Die Stadtverwaltung hatte Mühe, beim Ausbau der Infrastruktur mitzuhalten. 1899 bis 1901 errichtete sie am oberen Kiliansberg ein Krankenhaus, das nicht wenigen »viel zu groß und luxuriös« erschien. Nur drei Jahrzehnte später war es in jeder Hinsicht überholt. Da die staatliche Fürsorge kaum ausreichte, entstanden freie und kirchliche Initiativen, u. a. eine Pflegestation der katholischen Erlöserschwestern (1898), deren 1912 gegründeter Trägerverein »St. Elisabeth« heute zum Caritas-Verband gehört.

Die hohe Kinderzahl machte die Gründung von drei Schulen notwendig: der Ludwigs- (1908), der Frieden- (1912) und der Körnerschule (1916). Die Wasserversorgung konnte 1898/99 durch den Bau eines Hauptpumpwerkes im I. Wehr auf eine neue Grundlage gestellt werden, die dank zahlreicher Weiterentwicklungen bis heute trägt. Mit modernster Technik, einem 1901/03 auf Höhe der Maxbrücke eingebauten Walzenwehr, steuerte man den Wasserstand des Maines. Die von MAN in Schweinfurt erstmals angewandte Technik kam später weltweit zum Einsatz. Der Fluss war damit reguliert und endgültig in sein Bett gezwängt, das er seitdem nur noch bei extremem Hochwasser verlässt. Im Zuge der Baumaßnahmen entstand 1903 auch eine neue Schleuse, und die bisherige Maxbrücke wurde durch einen Neubau ersetzt.

Strom erzeugte die Stadt ab 1905 mit einem nach Plänen Oskar von Millers unterhalb der Spinnmühle errichteten Wasserkraftwerk. Abnehmer waren in erster Linie Industrie- und Gewerbebetriebe. Erst nach 1920 hielt die Elektrifizierung auch in den meisten Privathaushalten Einzug.

Eine erste unmittelbare Folge der verbesserten Verkehrsanbindung durch die Eisenbahn war der Aufschwung der Tiermärkte gewesen. Diese hatten auch dann noch große Bedeutung für die Stadt, als die Industrialisierung bereits in vollem Gange war. Im Jahr 1910 wurden 39 200 Schafe, 36 000 Schweine, 22 800 Stück Rindvieh und 2900 Pferde auf die innerstädtischen Plätze (Roßmarkt!) getrieben. Absatzgebiete waren unter anderem Thüringen, Sachsen, Berlin und Frankreich. Später schränkte das gestiegene Verkehrsaufkommen die Märkte immer mehr ein. 1951 fand am Zeughaus letztmals ein »Säulesmarkt« statt.

Für alle Arten der Freizeitgestaltung sprossen in diesen Jahren neue Vereine aus dem Boden. An ihnen lassen sich auch die Verschiebungen im sozialen Gefüge ablesen: Neben Gründungen wie dem Alpenverein (1898), dem Tennisclub Weiß-Blau (1900), dem 1. FC 1905 und dem FC Viktoria (später VfR 07) sowie dem Historischen Verein (1909) entstanden zahlreiche Arbeitervereine (SC 1900, FTS 1902, RV Solidarität 1904, Schwimmclub 1913, Arbeiter-Samariter-Bund und Naturfreunde 1914). Die Katholiken gründeten eigene Organisationen wie den Gesellenverein (1892), den Arbeiterverein (1905) und den RV Concordia (1910). Sie setzten auch mit der 1902 eingeweihten Hl.-Geist-Kirche ein deutliches Zeichen, dass der Katholizismus in der ehemals protestantischen Reichsstadt wieder zu einer relevanten gesellschaftlichen Kraft herangewachsen war.

Die Monarchie forderte Ergebenheitsadressen – und sie hat diese von der ihr getreuen Stadtverwaltung auch erhalten: Im Gründerzeitviertel erinnern bis heute die Luitpold-, Ludwig-, Otto- und Theresienstraße an das wittelsbachische Königshaus, die Heinrich-, Friedrich- und Wilhelmstraße gehen auf deutsche Kaiser dieses Namens zurück. 1913 beging man feierlich das 25-jährige Thronjubiläum Wilhelms II. und huldigte dem neuen bayerischen König Ludwig III., der 1917 die Stadt offiziell besuchen sollte. Bei diesem Anlass ließ sich das überlebte System ein letztes Mal feiern – in Schweinfurt waren die Anzeichen für kommende politische Veränderungen nicht mehr zu übersehen. 1911 zählte die SPD bereits 1000 Mitglieder. Drei Jahre zuvor waren erstmals drei Sozialdemokraten ins Kollegium der Gemeindebevollmächtigten eingezogen. Bei der Reichstagswahl 1912 erhielt die SPD in der Stadt bereits die meisten Stimmen.

Dennoch versetzte der Ausbruch des Ersten Weltkriegs am 1. August 1914 Schweinfurt in einen Taumel nationaler Begeisterung. In den nächsten Tagen zogen tausende Einberufene unter den Klängen von »Muß i denn, muß i denn, zum Städtele hinaus …« zum Hauptbahnhof und von dort an die Front. Auch die SPD stellte sich hinter den Kaiser, der »keine Parteien«, sondern »nur noch Deutsche« kannte. In der Turnhalle der Turngemeinde und der benachbarten großen Schützenhalle an der Deutschhöfer Straße wurden Lazarette eingerichtet. Als Zeichen der Verbundenheit mit der Front stellte man 1916 im Rathausbogen ein überdimensionales »Eisernes Kreuz« zur »Nagelung« auf: Für jeden in das Holz eingeschlagenen Nagel war eine Geldspende zu entrichten. Schon seit 1915 hatte sich wegen der englischen Seeblockade die Lebensmittelversorgung zusehends verschlechtert. Im »Kohlrübenwinter« 1916/17 standen die Menschen im Rathausinnenhof in langen Schlangen für kümmerliche Essensrationen an. Bis der Kaiser und seine Generäle im November 1918 ihr Scheitern eingesehen hatten, waren nach vier Jahren Hunger und Krieg 731 Söhne der Stadt gefallen.

Zwischen den Weltkriegen

Das revolutionäre Schweinfurt II: 1918/19

Der Erste Weltkrieg hatte die Entwicklung hin zu einer Hochburg der Arbeiterbewegung nochmals verstärkt. Neben Nürnberg, München und Fürth zählte Schweinfurt zu jenen vier rechtsrheinischen bayerischen Städten, in denen die Arbeiterschaft schließlich gegen den Krieg mobil machte. Der »Januarstreik« 1918 legte die Rüstungsbetriebe lahm. In Schweinfurt forderten 4000 Demonstranten am 30. Januar auf dem Marktplatz die sofortige Beendigung des Krieges. Die Unzufriedenheit der Arbeiter richtete sich auch gegen ihre eigene Partei, die SPD, die am »Burgfrieden« festhielt. In Schweinfurt schloss sich die übergroße Zahl der Mitglieder deshalb den »unabhängigen Sozialdemokraten« (USPD) an. Die Aufspaltung des linken Lagers in eine »königlich-bayerische« Mehrheits-Sozialdemokratie (MSPD), die USPD sowie radikale Gruppierungen (Spartakisten, Syndikalisten) kennzeichnete das Revolutionsgeschehen, stand in Schweinfurt einer Zusammenarbeit – zumindest der zwei großen Parteien – jedoch nicht grundsätzlich im Wege. Konservativ-monarchische Kräfte traten zunächst nicht in Erscheinung.

Im Herbst 1918 war die militärische Niederlage des Deutschen Reiches offenkundig. Am 7. November rief Kurt Eisner (USPD) in München die Republik aus. Während der Regierungspräsident in Würzburg noch glaubte, »In Unterfranken machen wir so etwas nicht mit«, hatte sich am 8. November in Schweinfurt bereits ein Arbeiter- und Soldatenrat (ASR) gebildet. Auf dem Rathaus wehte die Rote Fahne. Bürgermeister Söldner und die bisherige Verwaltung blieben zwar im Amt, durften jedoch keine wichtige Entscheidung ohne Wissen des ASR treffen.

Die Wahlen im Freistaat (12. Januar 1919) und zur Nationalversammlung (19. Januar 1919) hatten Josef Säckler (MSPD,

Landtag) und Fritz Soldmann (USPD, Reichstag) triumphale Siege beschert. Das rote Lager vereinigte in Schweinfurt zwei Drittel der Stimmen auf sich. Auf Landes- und Reichsebene aber tickten die Uhren anders: Dort waren die Linksparteien auf Koalitionen mit bürgerlichen Kräften angewiesen. Eisners USPD erlebte in Bayern mit 2,5 % ein Debakel. In Schweinfurt standen dennoch am Tag nach seiner Ermordung durch einen republikfeindlichen Studenten (21. Februar 1919) auf Befehl der Arbeiterführer in sämtlichen Betrieben die Maschinen still.

Soldmann war auch Mitglied im Revolutionären Zentralrat in München. Auf sein Telegramm hin schloss sich Schweinfurt am 7. April der Münchner Räterepublik an. Der demokratisch legitimierte Bayerische Ministerpräsident Johannes Hofmann (MSPD) aber stellte sich gegen die Räte. Um die revolutionären Errungenschaften notfalls gewaltsam gegen die Reaktion zu sichern, entwaffneten Stoßtrupps der Schweinfurter Spartakisten in Reiterswiesen und Haßfurt reguläre Truppen. Als die Regierung per Flugzeug Flugblätter über der Stadt abwerfen ließ, in denen mit 12-stündigem Ultimatum die Abgabe sämtlicher Waffen, die Auflösung der revolutionären Gremien und die Auslieferung der Rädelsführer gefordert wurden, resignierte der Schweinfurter ASR am 11. April und trat zurück.

Gleichwohl hielt die hiesige Polizei weiterhin einen Aufstand zugunsten der Räte für möglich. Von der Regierung geschickte Freikorps-Soldaten sperrten am Morgen des 29. April die Bahnunterführung am Hahnenhügel und blockierten den Schichtwechsel in den Fabriken. Das Gerücht, Bürgermeister Söldner habe die Armee angefordert, sorgte für Empörung. Eine aufgewühlte Menge zog durch die Stadt. Bei Schießereien wurden in den folgenden Tagen drei Arbeiter und eine Frau getötet, mehrere Personen verwundet. Am 5. Mai schließlich hatten die Regierungstruppen die Kontrolle über Schweinfurt erlangt. Zahlreiche Arbeiter wurden festgenommen, teilweise zu Haftstrafen von einigen Wochen oder Monaten verurteilt. Angesichts der Toten und Verwundeten mutet der Widerstand gegen das Militär im Nachhinein abenteuerlich an.

Die politische Unruhe hielt an, richtete sich wenige Tage später aber gegen den äußeren Feind: Wie überall im Reich protestierten auch in Schweinfurt die Menschen gegen den Friedensvertrag von Versailles, den sie als nationale Demütigung empfanden.

Ein demokratisches Gemeinwesen (1919–1932)

Trotz der turbulenten Zeiten wurde 1919 eine schon länger anstehende Entscheidung spruchreif: die Eingemeindung Oberndorfs, auf dessen Gemarkung (westlich der heutigen Landwehrstraße) der Central-Bahnhof und die Mehrzahl der Fabriken lagen. Der auf fast 4000 Einwohner angewachsene Ort wurde nach zähen Verhandlungen mit Wirkung vom 1. Dezember 1919 in die Stadt eingegliedert. Die anschließende Stadtratswahl vom 21. Dezember brachte ein überraschendes Ergebnis: Die beiden sozialdemokratischen Parteien, die das politische Leben seit Kriegsende dominiert hatten, verfehlten die Mehrheit der Mandate. Die Vereinigte bürgerliche Liste erreichte 15 Sitze – und damit ein Patt. Ebenso knapp endete die Bürgermeisterwahl am 14. März 1920, bei der die Schweinfurter erstmals direkt über das Stadtoberhaupt entschieden. Mit dem hauchdünnen Vorsprung von 87 Stimmen (bei 14 000 Wählern) setzte sich der gemeinsame Kandidat von MSPD und USPD, Dr. Benno Merkle (1872–1959), bisher wissenschaftlicher Sekretär bei der Stadt München, durch.

Angesichts der unentschiedenen Machtverhältnisse strebte Merkle eine überparteiliche Zusammenarbeit im Stadtrat an. Es regierte eine rot-schwarze Koalition. Die insgesamt trübe wirtschaftliche Lage mit stark schwankenden Arbeitslosenzahlen beeinflusste die Einwohnerentwicklung nicht negativ. Im Gegenteil: Merkles Prophezeiung »Vor den Toren der Stadt sind Tausende bereit, in die Stadt einzudringen, sobald sie nur irgendeine Wohngelegenheit finden« bewahrheitete sich: Die 1920er-Jahre brachten einen weiteren Anstieg der Einwohner auf 40 000 (1931). Die Stadtverwaltung bemühte sich nach Kräften, die Infrastruktur entsprechend den gewachsenen Anforderungen auszubauen, allein die finanzielle Lage setzte ihr Grenzen. Dennoch konnten einige bemerkenswerte Projekte realisiert werden.

Unter Federführung der Architekten Theodor Fischer und Roderich Fick, lenkte man das Wachsen der Stadt endlich in geordnete Bahnen. Die internationale »Gartenstadt«-Bewegung fasste ab 1920 auch in Schweinfurt mit einer Siedlung entlang der Galgenleite Fuß. Nördlich der Niederwerrner Straße entstand ein durchsonntes Quartier mit hoher Wohnqualität. Der Wohnungsbau wurde dabei wesentlich von Genossenschaften getragen (Bauverein, Post, Eisenbahner).

Dem Bildungsauftrag verpflichtet waren die Neubauprojekte der Berufs- (1927), der Goethe- (1929, heute FOS) und der Landwirtschaftsschule (1929, heute GbF). Auf dem Gebiet der Wohlfahrtspflege kamen ein Kindererholungsheim in Kissingen (1925) und ein zeitgemäßer, im Stil der Neuen Sachlichkeit errichteter Neubau des Städtischen Krankenhauses an der Robert-Koch-Straße (1930) hinzu. Die Arbeiterwohlfahrt (AWO) wurde rasch zu einem wichtigen Faktor des sozialen Lebens. Ergänzt wurde die medizinische Versorgung durch die Errichtung des St.-Josef-Krankenhauses der katholischen Erlöserschwestern (1929). Katholiken wie Protestanten bauten Kirchen (St. Josef 1922, St. Kilian 1927, Gustav Adolf 1929) und Gemeindezentren (Kolpinghaus 1927, Evangelisches Gemeindehaus 1929). Ernst Sachs stiftete das nach ihm benannte Hallenbad (1932/33). Bei den Vereinsneugründungen blieb die hohe Schlagzahl erhalten. Von den bis heute bestehenden Organisationen kamen u. a. der Evangelische Frauenbund (1924), die katholische »Deutsche Jugendkraft« (DJK, 1919), der Hockey-Club (1926) und der Eislauf- und Rollschuhverein (ERV, 1934) neu hinzu.

In den Krisenjahren nach 1929 betrieb die sozialdemokratisch geführte Stadtverwaltung eine aktive Arbeitsmarktpolitik. So vergab sie Notstandsarbeiten, mit denen Arbeitslose gegen ein geringes Salär Beschäftigung fanden. In den Wintermonaten 1929/30 und 1930/31 bot das Wohlfahrtsamt alleinstehenden Arbeitslosen ein Mittagessen, woraus sich schnell die bis heute bestehende Volksküche entwickelte.

Zur Verteidigung der Demokratie schlossen sich Sozialdemokraten, Liberale und Vertreter bürgerlicher Parteien 1924 auch in Schweinfurt im Bündnis »Reichsbanner Schwarz-Rot-Gold« zusammen. Ein wirksames Bollwerk gegen die Feinde der Demokratie wurde daraus freilich nicht. Die Stadt Schweinfurt veranstaltete jährlich am 11. August eine Feier für die Weimarer Verfassung, die staatlichen Behörden in Bayern jedoch standen abseits. OB Merkles Wunsch zum Jahreswechsel 1929, die Bevölkerung solle »nicht verhetzt und noch mehr gespalten werden, als es bisher schon der Fall ist«, blieb ungehört.

Erstmals nachhaltig in Erscheinung traten die Nationalsozialisten am 8. Dezember 1928, dem zweiten Adventssonntag. Ab 14 Uhr marschierten etwa zwei Dutzend Braunhemden mit einem Transparent »Deutsche kauft nicht bei Juden« durch die Straßen der Stadt. Erst als der Zug nach drei Stunden zum vierten Mal die Spitalstraße passierte, schritt die Stadtpolizei ein und konfiszierte das Banner. Geworben hatte die NSDAP mit dieser Demonstration für den Auftritt ihres »Führers« im Saalbau eine Woche später, über den das Tagblatt berichten sollte, Hitler habe mit »der ihm eigenen mitreißenden Beredsamkeit« seine Ziele »in schärfster polemischer Form, aber mit vollkommen sachlicher Argumentation« vorgestellt. Unter den über 1200 Zuhörern seien auffallend viele Frauen gewesen.

Bei der Stadtratswahl Ende 1929 gewannen die Nazis mit 6,4 % der Stimmen erstmals zwei Mandate. Ihr Ortsgruppenleiter Pösl buhlte mit Einsparvorschlägen bei den Gehältern städtischer Beamter um die Sympathie des Kleinbürgertums, die Einsparungen sollten einem Wohlfahrtsfonds für den gewerblichen Mittelstand zugutekommen. Ein zweiter Besuch Hitlers in Schweinfurt 1932 fand zwar beachtliche Resonanz, die Zahl der Zuhörer – 12 000 – blieb dennoch hinter den Erwartungen zurück. Zum kleinen Triumph für die Nazigegner wurde indes ein Vorfall am Obertor, wo der Wagen des »Führers« von einer herandrängenden Menge gestoppt und Hitler bespuckt und geschlagen wurde. Die Täter entkamen unerkannt.

Krise und Boom II: Industriegeschichte 1919–1939

Auch nach den revolutionären Umwälzungen der Jahre 1918/19 prägten Streiks und Aussperrungen noch eine ganze Zeit lang das Wirtschaftsleben der Stadt. In einem auf Schweinfurt beschränkten, erbittert geführten Konflikt standen sich Unternehmer und Gewerkschaften vom 21. September bis zum 6. Dezember 1920 unversöhnlich gegenüber. Zwischenzeitlich hatten die Industriellen aus Angst vor Übergriffen die Stadt verlassen, nach 75 Tagen aber mussten die Gewerkschaften den Arbeitskampf verloren geben. Die Streikführer wurden nicht wieder eingestellt. Die Unternehmer reagierten auf Konjunkturschwankungen nach dem Motto »hire and fire«, sodass die Beschäftigtenzahlen starken Schwankungen unterworfen waren: Im Krisenjahr 1926 wurden über 3300 Arbeiter entlassen, 1927 dagegen 4300 neu eingestellt. Die Einführung des Acht-Stunden-Tages und von Betriebsräten gilt aus Arbeitersicht als wichtigste Errungenschaft der Weimarer Republik. Doch die Arbeitsbedingungen waren weiterhin geprägt von Monotonie und Lärm, der Schichtbetrieb potenzierte die in vielen Bereichen hohe körperliche Belastung.

Die deutschen Wälzlagerfirmen hatten vor dem Ersten Weltkrieg den Weltmarkt dominiert. 40 % der Schweinfurter Produktion gingen ins Ausland. Die im Versailler Vertrag verfügte Benachteiligung der deutschen Exporte wurde dementsprechend zu einem grundsätzlichen Problem, das ungelöst blieb. Die Inflation vernichtete 1923 die Guthaben der Kleinsparer und das Eigenkapital der Unternehmen. Mit Mühe behaupteten die Firmen ihre Stellung am Markt, wobei das deutsche Wälzlager-Kartell, mit dem man den freien (»ruinösen«) Wettbewerb außer Kraft setzte, den Unternehmen ausreichenden Absatz und Einkünfte sichern sollte. Schweinfurt war zwar nach wie vor der größte, beileibe aber nicht mehr der einzige Wälzlagerstandort. Auch in Berlin, Krefeld und Stuttgart-Cannstatt hatten sich Konkurrenzfirmen etabliert. Einer der Wettbewerber, die 1907 in Göteborg gegründete SKF, mit scheinbar unerschöpflichem Kapital ausgestattet, verlor zunehmend das Interesse am Fortbestand des Kartells, das schwächere Firmen am Leben hielt. Um Überkapazitäten abzubauen, schienen Fusionen unvermeidlich. Ein Übernahmekandidat war Mitte der 1920er-Jahre Fries & Höpflinger geworden. 1928 standen bei Kugelfischer erstmals mehr Arbeiter (1900) in Lohn und Brot. Sachs verhandelte mit den Kugelfischer-Vertretern, dem jungen Georg Schäfer (II) (1896–1975) und dessen Schwager Hermann Barthel (1875–1941) über die Bildung eines »Schweinfurter Blocks«. Zur Überraschung der Öffentlichkeit war es dann aber Sachs selbst, der mit SKF gemeinsame Sache machte: Am 29. Mai 1929 verkaufte er seine Wälzlagerabteilung an die Schweden. Fries & Höpflinger und drei weitere Firmen schlossen sich der Vereinbarung an. Am 7. September 1929 wurden die Vereinigten Kugellagerfabriken A. G. (VKF) aus der Taufe gehoben, in der die deutschen Aktivitäten der schwedischen SKF zusammengefasst waren.

Der Tagblatt-Kommentator beurteilte die Perspektiven der Schweinfurter Industrie pessimistisch: »Der Höhepunkt ist überschritten.« Er sollte sich gewaltig täuschen. Sachs hatte keineswegs die Absicht, sich mit 62 Jahren zur Ruhe zu setzen. Mit dem Verkaufserlös zahlte er die Erben seines Kompagnons Karl Fichtel aus und investierte in neue Produkte: Kleinmotoren, Stoßdämpfer und Kupplungen. Sachs hatte das Unternehmen im Stil eines Patriarchen geführt. Als er 1932 nach kurzer Krankheit im Alter von 64 Jahren starb, nahm Schweinfurt mit einem »Staatsbegräbnis« von seinem größten Industriellen Abschied.

Die 1929 unmittelbar nach dem Zusammenschluss hereinbrechende Weltwirtschaftskrise hatte bei VKF den fusionsbedingten Personalabbau noch verschärft. Von anfänglich fast 5000 Beschäftigten standen Ende 1932 nur noch etwa 1500 in Lohn und Brot. VKF hatte in Deutschland zunächst einen Marktanteil von über 80 % auf sich vereinigt. Kugelfischer lag bei 9,5 %. Dennoch sah sich Georg Schäfer (II) für den kommenden Konkurrenzkampf gerüstet, auch wenn der Marktführer den Preisdruck erhöhen würde. Schäfer wusste, dass die Kunden nicht in die Abhängigkeit eines Monopolisten geraten wollten. Darin erkannte er seine Chance im Überlebenskampf. Zudem konnte er russische Großaufträge an Land ziehen, die bei Kugelfischer eine Ausweitung der Produktion ermöglichten, während die westliche Welt 1930–1933 in wirtschaftlicher Depression versank.

Schwer zu schaffen machte die Wirtschaftskrise in Schweinfurt auch den traditionsreichen kleineren Fabriken, die dem

Betriebsappell mit NS-Propaganda während des Dritten Reiches. – Ansichtskarte aus Anlass des Jubiläums »50 Jahre Kugelfischer«.

Wachstum der Großen nicht hatten folgen können. Die Sattlersche Farbenfabrik, C. Joachim & Sohn, die Bayerische Schuhfabrik (ehemals Heimann) sowie Silberstein & Neumann mussten schließen. Schon 1924 war aber auch eine bis heute als mittelständische Bank bestehende Neugründung zu verzeichnen gewesen: Nach der Inflation hatte die Privatbank von Max Flessa ihre Geschäftstätigkeit aufgenommen.

Nach der Machtübernahme standen die Industriellen sofort an der Seite der NSDAP. Beim Jubiläum »50 Jahre Kugelfischer« feierte man im Mai 1933 die »Wiedergeburt des Vaterlandes«. Im Konkurrenzkampf mit VKF setzte Schäfer alles auf die deutsche Karte – und die Rechnung ging auf: Bei der Auftragsvergabe für die ab 1934 einsetzenden massiven staatlichen Investitionen in Motorisierung und Rüstung wurde das »nationale Argument« zu einem wichtigen Kriterium – die neuen Machthaber bevorzugten »rein deutsche« Betriebe. Auf dieser Basis nahm Kugelfischer einen Aufschwung, den man dem Unternehmen wenige Jahre vorher kaum zugetraut hätte. Die Zahl der Arbeiter stieg von 2800 (1933) auf 6900 (1939). Diese Entwicklung ist umso bemerkenswerter, als hinter den Kulissen zwischen den beiden Eigentümern Georg Schäfer (II) und Hermann Barthel ein erbitterter Machtkampf tobte, in dessen Folge Letzterer (nicht ganz freiwillig) aus dem Unternehmen ausschied.

Aufmärsche, Betriebsappelle, Feiern und Spendensammlungen liefen ganz in nationalsozialistischem Sinne ab. 1941 erhielt Kugelfischer die Auszeichnung »NS-Musterbetrieb«. Als Betriebsführer präsentierte Georg Schäfer (II) stolz die aus diesem Anlass verliehene »Goldene Fahne«. Die mit Nazi-Gegnern besetzte Spruchkammer urteilte 1946 über seine Rolle im Dritten Reich, er habe »unwiderlegbar und fortwährend Propaganda für den NS und die führenden Persönlichkeiten getrieben [...], wiederholt vor Tausenden von Zuhörern den größten aller Verbrecher, Adolf Hitler, gefeiert. Und wenn er innerlich kein Nationalsozialist war, was von sämtlichen Zeugen und ihm selbst behauptet wird, dann ist diese Handlungsweise umso verwerflicher.« Die Berufungskammer wird zwei Jahre später in milderem Licht urteilen und ihn als »Mitläufer« einstufen.

Bei F & S war es um die politische Einstellung der Firmenleitung nicht anders bestellt: Die persönliche Nähe zu Himmler brachte dem Gründersohn Willy Sachs (1896–1958) den (Ehren-) Titel »SS-Obersturmbannführer«, auch wenn man ihm intern »Ahnungslosigkeit in weltanschaulichen Dingen« vorgehalten haben mag. Die Titel »Generaldirektor« und »Konsul« können nicht darüber hinwegtäuschen, dass im täglichen Geschäft die Direktoren die Geschicke der Firma lenkten und nicht Willy Sachs. Die Grundlagen für den Wiederaufstieg von F & S waren noch vom Vater gelegt worden. Für die von Hitler propagierte Volksmotorisierung hatte man mit dem »Sachs-Motor« eine passende Antwort parat (s. Kasten S. 118). Die Produktion der 50-millionsten Torpedo-Nabe wurde 1940 mit großem Aufwand gefeiert. 1939 beschäftigte Sachs wieder 6700 Menschen.

VKF hatte sich 1933 beeilt, von der Stadt eine Bestätigung zu erhalten, dass an dem Unternehmen kein jüdisches Kapital mehr beteiligt sei. Bei öffentlichen Aufträgen sahen sich die »Schweden« gleichwohl benachteiligt, profitierten aber auch

Der Architekt Paul Bonatz errichtete 1932 das neue Verwaltungsgebäude von Fichtel & Sachs an der Ernst-Sachs-Straße.

vom allgemeinen Wirtschaftsaufschwung. Innerhalb des weltweiten SKF-Konzerns entfielen mehr als 50 % des Umsatzes auf die VKF-Standorte in Schweinfurt, Cannstatt und (ab 1938) Berlin-Erkner. Bei Beginn des Zweiten Weltkrieges zählte die VKF-Belegschaft in Schweinfurt 6000 Köpfe. Sorgen bereitete der SKF-Führung dabei allerdings die zunehmende Integration von VKF in das staatlich gelenkte deutsche Wirtschaftsleben, die die Entscheidungsspielräume der Göteborger Zentrale einschränkte; man fühlte sich entmachtet. Die Auftragsbücher aber waren gut gefüllt: Dem Umsatz nach war die deutsche VKF bis 1944 größer als Kugelfischer.

Insgesamt profitierte die Schweinfurter Industrie in hohem Maße von der NS-Wirtschaftspolitik. Die Zahl der Beschäftigten stieg innerhalb von zehn Jahren von 7000 (1933) auf 24 000 (1943). Diese phänomenale Expansion gilt es bei der

Beurteilung des Handelns der Verantwortlichen ebenso zu bedenken wie die Mechanismen des totalitären Staates. Die NS-gelenkte Rüstungswirtschaft ließ kaum Spielraum für abweichende unternehmerische Entscheidungen und hätte offenen Widerstand nicht geduldet.

Schweinfurt in der NS-Zeit (1933–1939)

Nach der Ernennung Hitlers zum Reichskanzler am 30. Januar 1933 stieg die NSDAP bei der folgenden Reichstagswahl am 5. März nun auch in Schweinfurt zur stärksten Partei auf. Die neuen Machthaber verhafteten neben OB Merkle weitere lokale Arbeiterführer (u. a. Fritz Soldmann, SPD, und Georg Schwarz, BVP). Am 23. März wurde Merkle für abgesetzt erklärt, Kreisleiter Pösl trat an seine Stelle. In den nächsten Monaten landeten aus den Reihen der KPD und der SPD mindestens 29 Schweinfurter im KZ Dachau. Die NS-Ideologie ließ keinen Platz für konkurrierende politische Parteien. SPD, KPD und die Arbeitervereine wurden verboten, die Gewerkschaften zerschlagen. In einem Klima, das von begeisterter Aufbruchsstimmung in den eigenen Reihen ebenso geprägt war wie von der massiven Einschüchterung politisch Andersdenkender, gelang es der NSDAP rasch, ihre gesellschaftliche Basis zu verbreitern. Ausgangspunkt war das protestantisch geprägte Kleinbürgertum, wichtiger Kristallisationskern der CVJM, dessen Jugendverband in die Hitlerjugend überführt wurde. Am Gymnasium warb der Rektor die übergroße Mehrheit seiner Schüler für die HJ. Bürgerliche Vereine wie der 1. FC 05 fügten sich in die Bewegung ein. Ein Jahr nach der Machtergreifung hatte sich die Zahl der NSDAP-Mitglieder in Schweinfurt auf 1559 mehr als verdreifacht und lag etwa im Reichsdurchschnitt.

Der totalitäre Staat erwartete – insbesondere von Persönlichkeiten des öffentlichen Lebens – Zeichen der Loyalität. Zu einem solchen sah sich schließlich auch Hans Helferich, der liberal-konservative Verleger des Schweinfurter Tagblatts, genötigt, dessen Hauptschriftleiter 1936 in Schutzhaft gekommen war. Auf dem Höhepunkt der NS-Machtentfaltung trat

Helferich 1940 der Partei bei. Sein Verhalten mag exemplarisch für jene stehen, die sich nach außen letztlich mit dem System arrangierten, weil sie ihre berufliche und private Existenz nicht gefährden wollten. Der sozialdemokratische »Fränkische Volksfreund« war bereits 1933 verboten und das katholische »Volksblatt« 1938 in den NS-Pressetrust »Phoenix« eingegliedert worden.

Andere standen dem braunen Geist anfänglich offener gegenüber: Der evangelische Dekan Fabri wurde 1933 förderndes Mitglied der SS, in der bereits sein Sohn aktiv Dienst tat, doch ermahnte ihn sein Umfeld zu größerer Distanz gegenüber den braunen Machthabern. 1936 trat er aus der SS aus, weil seine Stellung innerhalb der »Bekennenden Kirche«, die ihre Unabhängigkeit gegenüber dem NS-Staat zu behaupten suchte, sonst in Frage gestanden wäre. Im Entnazifizierungsverfahren wird die Spruchkammer Fabri 1947 ein »zwiespältiges Verhalten« bescheinigen.

Das katholische Milieu glaubte durch die Zustimmung der BVP zum Ermächtigungsgesetz und den Abschluss des Reichskonkordats zunächst an einen gedeihlichen Fortbestand im Neuen Staat. Doch jeglicher Aktionsmöglichkeiten beraubt, löste sich die BVP schon im Juli 1933 auf. Das von Kreisleiter Weidling im April 1934 eigenmächtig verhängte Verbot sämtlicher katholischer Jugendorganisationen wurde von höherer Stelle aufgehoben, doch mussten die katholischen Verbände ihre Aktivitäten wenig später ganz einstellen.

Mit der Arbeiterschaft, dem Protestantismus und dem Katholizismus besaß die Stadt Milieus, die in ihrem Kern der NS-Doktrin gegenüber in unterschiedlicher Weise resistent blieben. An ihren Rändern jedoch mussten alle drei merkliche Einbußen hinnehmen: Nicht wenige ihrer Anhänger wandten sich den neuen Machthabern zu. Staatlich gelenkte Erfolgspropaganda ersetzte Parteienstreit. Die lebhafte konjunkturelle Erholung, gefördert noch durch staatlich finanzierte Investitionsprogramme, senkte die dramatisch hohe Arbeitslosigkeit innerhalb von drei Jahren fast auf Null. Soziale Wohltaten sicherten dem Regime in Jahren des Aufschwungs Zustimmung in weiten Kreisen der Bevölkerung. Unter diesen Umständen konnte sich der bei seinem

Amtsantritt noch nicht 30-jährige Nazi-OB Ludwig Pösl (1903–1945) als erfolgreicher Macher einer jungen Bewegung präsentieren. Der Aufschwung der Industrie katapultierte Schweinfurt bei der Steuerkraft pro Einwohner auf Platz 1 in Bayern. Mit der Adolf-Hitler-Kaserne (1936), der Hans-Schemm-Schule (1934, heute Schillerschule) und dem Willy-Sachs-Stadion (1936) wurde die Infrastruktur weiter ausgebaut. 1935 gründeten Stadt und Industrie die »Gemeinnützige Wohnungsbaugesellschaft«. Die Einwohnerzahl stieg auf 50 000. Im Zeitraum 1840 bis 1940 verzeichnete Schweinfurt mit einer Steigerung auf mehr als das Sechsfache unter allen fränkischen Städten das zweitgrößte Bevölkerungswachstum nach Nürnberg. Zwar entstanden bis 1940 über 1200 weitere Wohnungen, trotz allem fehlten 1940 noch 2500. Gleichwohl verkündete Pösl, Schweinfurt habe »an dem gewaltigen Aufstieg des Volkes seit der Machtübernahme in hervorragender Weise teilgenommen«. Insbesondere die Einweihung des Stadions im Olympiajahr 1936 geriet in Anwesenheit von Himmler und Göring zu einer machtvollen Huldigung für den NS-Staat.

Als Trainings- und Veranstaltungsstätte galt das weitläufige, von Willy Sachs finanzierte Stadion im gesamten süddeutschen Raum als vorbildlich. Es gab dem schon in den 1920er-Jahren auf sportlichem Gebiet spürbaren Aufschwung einen weiteren Schub: Der FC 05 stieg zu einer nationalen Größe auf und errang 1939 und 1942 vor den Mannschaften aus München, Nürnberg und Fürth die bayerische Meisterschaft. Die beiden 44-fachen Nationalspieler Albin Kitzinger und Ander Kupfer bildeten ein legendäres Läufer-Paar, dem der Krieg noch größere Erfolge verwehrte. Der Ruderer »Bubi« Kaidel als Silbermedaillengewinner bei der Olympiade 1936, der Radsportler »Lubber« Geyer (Sieger der Tour de Suisse 1934) und der Segelflieger »Heini« Dittmar (Weltmeister 1937) errangen internationale Erfolge. Im Jahresrückblick 1937 jubelte das Tagblatt über die »beispiellos aufstrebende Sportstadt, die [...] vielen deutschen Großstädten bereits den Rang abgelaufen« habe.

Wesentliches Merkmal faschistischer Diktaturen ist die systematische Ausgrenzung von Minderheiten, die zu Feindbildern stilisiert werden. Auf den Erfolg jüdischer Geschäftsleute,

Das im Olympiajahr 1936 eröffnete Willy-Sachs-Stadion gab der Entwicklung des Schweinfurter Sports in der Spitze wie in der Breite einen enormen Schub; hier ein Sportfest ca. 1937.

deren Anteil am Schweinfurter Wirtschaftsleben weit größer war als ihr Bevölkerungsanteil (1933: 363 Juden = 0,9%), antwortete das Kleinbürgertum vielfach mit Neid. Regelmäßig postierten sich SA-Männer vor jüdischen Geschäften, deren Inhaber schließlich aufgeben mussten. Bei der sogenannten »Reichspogromnacht« zog am 10. November 1938 mittags eine johlende Menge durch die Stadt, trieb alte Menschen vor sich her und demolierte jüdische Wohnungen und Geschäfte. In den darauffolgenden Tagen wurden etwa 45 Juden willkürlich verhaftet, mindestens 30 von ihnen, darunter der Rabbiner Dr. Max Köhler, für einige Wochen ins KZ Dachau verschleppt. Dies war für die meisten Juden das Zeichen zur Auswanderung, die zurückgebliebenen waren dem Tod geweiht: 1942 wurden 91 Juden aus Schweinfurt deportiert. Stellvertretend für weitere Opfer eines menschenverachtenden Regimes seien 18 in der psychiatrischen Heil- und Pflegeanstalt Werneck untergebrachte Schweinfurter genannt, die im Rahmen des Euthanasieprogramms T4 ermordet wurden.

Zweiter Weltkrieg und Wiederaufbau

Im Zweiten Weltkrieg

Anders als 1914 wuchs die Kriegsbegeisterung 1939 erst mit den militärischen Erfolgen. Die Rückkehr des heimischen Panzerregiments 36 vom Polenfeldzug feierte man mit einer Siegesparade durch die Innenstadt. Eine junge Schweinfurter Mutter schrieb damals ihrer Tante: »Ich glaube fest an unsere Wehrmacht u. den Führer.« Die deutsche Kapitulation vor Stalingrad Anfang Februar 1943 aber markierte in der öffentlichen Wahrnehmung einen Wendepunkt. Die junge Mutter notierte nun: »Es ist so schwer, von seinen Anschauungen abzulassen, u. dennoch dürfen wir nicht an allem zweifeln.« Der von Goebbels verkündete »totale Krieg« gab das Zeichen zur Mobilisierung der letzten Reserven für die Rüstungsproduktion. Immer mehr »uk [unabkömmlich] gestellte« Arbeiter wurden nun einberufen. Die wöchentliche Arbeitsleistung wurde auf 48 Stunden plus 12 Überstunden heraufgesetzt. Aus vielen Orten Frankens wurden Frauen zur Arbeit in der Schweinfurter Industrie zwangsverpflichtet. Diese mussten – ebenso wie Kinder – »nur« acht Überstunden leisten. Die Lebensmittelrationen wurden gesenkt.

Auf dem Höhepunkt der Rüstungsproduktion waren 1943 24 000 Menschen beschäftigt. Allein in Deutschland konnte der Arbeitskräftebedarf nicht mehr gedeckt werden, weshalb man rund 6000 anfänglich angeworbene, später zwangsweise verschleppte Zivilarbeiter und 4500 Kriegsgefangene nach Schweinfurt brachte. Insgesamt zählte man in fünf Jahren etwa 10 500 Zwangsarbeiter, die unterernährt und großteils in Massenunterkünften zusammengepfercht waren. Die deutsche »Herrenrasse« nahm den Tod der vornehmlich russischen Arbeitssklaven billigend in Kauf. Doch ihr Elend ließ nicht alle kalt: Oberleutnant Andreas Bauer war Führer einer Eingreifreserve, die mögliche Aufstände der Zwangsarbeiter niederschlagen sollte. Ihm gelang es, unter dem Decknamen »Gelbe Birke« eine Widerstandsgruppe zu bilden. Die konspirativ agierende Vereinigung wollte die größte Not der Zwangsarbeiter lindern. Ihr gehörten etwa 50 Schweinfurter an.

»Im Jahre des Unheils 1943«, so Ludwig Wiener, »begann jene letzte Passion Schweinfurts, die sich mit feurigen Lettern als das dritte Stadtverderben in die Annalen« der Stadt eingegraben hat. Als Zentrum der Wälzlagerproduktion besaß keine Stadt vergleichbarer Größe für die deutsche Kriegsrüstung eine ähnliche Bedeutung. Auf Seiten der Alliierten glaubte man, allein mit der Zerstörung der hiesigen Kugellagerwerke die deutschen Streitkräfte bewegungsunfähig machen zu können, da moderne Mobilität ohne Wälzlager nicht möglich ist. In einem Bomber mittlerer Größe waren etwa 1500 Lager verbaut, in einer 8,8 mm Flugabwehrkanone 47; auch Panzer, Artilleriekanonen, Lkws und die Eisenbahn benötigen Wälzlager. Etwa 60 % des deutschen Bedarfs stammte aus Schweinfurter Produktion.

So wurde die Stadt zu einem Angriffsziel erster Ordnung. Die Verteidiger richteten rund um die Stadt einen Flakgürtel mit zuletzt 23 schweren Batterien ein. Neben regulären Soldaten und Kriegsgefangenen wurden bis zu 2500 15- bis 17-jährige Oberschüler aus dem gesamten nordbayerischen Raum als Luftwaffenhelfer nach Schweinfurt beordert. Am 17. August 1943 um 15.56 Uhr begann der erste Angriff. 230 B-17-Bomber, die »Fliegenden Festungen« der Amerikaner, warfen 3000 Bomben ab. Dennoch verfehlte der Angriff sein Ziel, denn getroffen wurden vor allem Wohngebiete. Bis weit nach Oberfranken hinein sah man die über Schweinfurt aufsteigenden Rauchsäulen. Der Wehrmachtsbericht vermeldete lakonisch: »In zwei süddeutschen Städten hatte die Bevölkerung Verluste.« Die Menschen gewöhnten sich an Verdunkelungen und gingen nachts angekleidet ins Bett, damit sie im Alarmfall schneller den Bunker erreichten.

Dem ersten folgte acht Wochen später ein zweiter, spektakulärer Angriff: An diesem sogenannten »Black Thursday« (»Schwarzer Donnerstag«) verlor die US Air Force 60 der eingesetzten 291 Bomber und etwa 600 Besatzungsmitglieder. Militärhistoriker sprechen von der bis dahin größten Luftschlacht

Die alliierten Luftangriffe zerstörten Industrie und Stadt in gleicher Weise; hier der Blick aus der Wolfsgasse zum Roßmarkt (1944).

des Zweiten Weltkriegs, die am 13. Oktober 1943 über Schweinfurt stattfand. In der Stadt zählte man an diesem Tag 276 Tote. Als die gröbsten Schäden beseitigt waren, holten US und Royal Air Force am 23./24. Februar 1944 zum heftigsten Schlag aus: Innerhalb von 12 Stunden wurde die Stadt von drei Angriffswellen erfasst. Auf den Sirenenton hin hasteten Frauen mit Kleinkindern und die wenigen Männer in die Bunker. In Todesangst reagierten nicht wenige auf die Detonationen der Bomben mit Schreianfällen, andere beteten den Rosenkranz. Beim Verlassen der Bunker sahen die Überlebenden brennende Häuser und dichte Staubwolken, erst als sich diese verzogen hatten, offenbarte sich das ganze Ausmaß der Zerstörung: Sprengbomben hatten riesige Krater gerissen, die Strom-, Gas- und Wasserversorgung war wochenlang unterbrochen; in Eimern und Wannen trugen die Bombengeschädigten das Wasser nach Hause. Zum Schutträumen wurden HJ-Verbände aus ganz Franken nach Schweinfurt beordert. Nach jedem Angriff verließen mehr Frauen und Kinder die Stadt. Die Einwohnerzahl halbierte sich auf 23 400.

Insgesamt warfen Amerikaner und Briten in 15 schweren und sieben kleineren Luftangriffen mehr als 7000 Tonnen Bomben über Schweinfurt ab. Die NS-Presse, die 1940 bei der Bombardierung ziviler Ziele in England durch die Luftwaffe die »gigantischen« Zerstörungen bejubelt hatte, sprach nun von »Terrorangriffen« der »Luftgangster«. Um den kriegsnotwendigen Nachschub sicherzustellen, rief Hitlers Rüstungskommissar Speer den »Sonderring Wälzlager« ins Leben. Die Konkurrenten VKF und Kugelfischer mussten nun kooperieren. Die Wälzlagerproduktion wurde verlagert, u. a. in unterirdische Stollen von Eltmann (Kugelfischer) und Neckarzimmern (VKF). Zudem gelang es recht schnell, die zerstörten Fabriken wieder in Gang zu setzen. Ein Jahr nach Beginn der Luftangriffe erreichte die Wälzlagerproduktion im Oktober 1944 neue Rekordzahlen. Die Bombardierung Schweinfurts konnte den Krieg nicht – wie von den Alliierten erhofft – verkürzen.

Noch in der Stunde des Untergangs zeigte sich das Regime von seiner brutalsten Seite: Weil sie während eines Luftangriffs einen Sack Erbsen und Tabakwaren gestohlen hatten, wurden zwei Männer als Plünderer zum Tode verurteilt und hingerichtet. Ebenfalls wegen Plünderns erschossen zwei Polizisten drei Wochen vor dem Einmarsch der Amerikaner die 17-jährige Polin Sofia Malczyk. Die letzte Ausgabe der »Schweinfurter Zeitung« verkündete: »Kapitulation? Nein! Wir ersticken im Haß!«

Beim Einmarsch der Amerikaner am 11. April 1945, dem neuerliche Luftangriffe und Artilleriebeschuss vorausgegangen waren, sprengten abziehende deutsche Truppen die Max- und die Marienbrücke. Aufhalten konnte diese sinnlose Tat die Amerikaner nicht mehr.

Die Bilanz der 12-jährigen NS-Herrschaft war desaströs. Neben den Fabriken war die Hälfte der 13 000 Wohnungen vollständig zerstört, weniger als 20 % blieben unbeschädigt. Besonders schwer getroffen waren die westlichen Stadtteile (das Gründerzeitviertel und Oberndorf). Die Statistik nennt 2500 gefallene und vermisste Soldaten, 1100 Opfer des Luftkriegs, darunter ein Drittel Zwangsarbeiter, und 2500 Kriegsversehrte.

Nachkriegsjahre: Wiederaufbau (1945–1956)

Die Amerikaner trieben zunächst die in der Stadt verbliebene männliche Bevölkerung zusammen, darunter auch OB Pösl, der sich vom Dach der Goetheschule in den Tod stürzte. Die lokalen NS-Funktionäre fielen unter automatischen Arrest und kamen nach Hammelburg ins Internierungslager. Die Mehrzahl der 12 Jahre lang mit Nazi-Parolen indoktrinierten Schweinfurter empfand indes den Einmarsch der Amerikaner als Niederlage, nicht als Befreiung. Nüchtern notierte Fritz Soldmann: »[D]ie Amerikaner mussten die Freiheit bringen, wozu die deutsche Arbeiterklasse in absehbarer Zeit wohl nicht in der Lage gewesen wäre.« Für ihn kam das Ende des Faschismus jedoch zu spät – er starb Ende Mai 1945 an den Folgen der KZ-Haft. Als Oberbürgermeister setzten die Amerikaner bereits am 13. April den unbelasteten, politisch bisher nicht aktiven Otto Stoffers (1881–1963), Direktor der Gademannschen Farbenfabrik, ein.

Städtische Bedienstete mit NS-Vergangenheit wurden nun entlassen, darunter fast alle Lehrer. Bald zeigte sich jedoch, dass nicht genügend unbelastete Fachkräfte zur Verfügung standen, weshalb man wieder auf frühere Parteigenossen zurückgreifen musste.

Die demokratische Gesinnung war nicht über Nacht Allgemeingut geworden. Doch jene, die den politischen Neuanfang mitgestalten wollten, machten sich bald an die (Wieder-)Gründung von Parteien. Im November und Dezember 1945 formierten sich auf lokaler Ebene SPD und KPD sowie CSU und WAV (Wiederaufbauvereinigung). Bei der CSU fällt auf, dass sich – im Unterschied zur rein katholischen Vorgängerpartei BVP – von Anfang an Vertreter beider christlicher Kirchen in ihren Reihen fanden. Zur Wahl des ersten demokratisch legitimierten Stadtrats seit 1933 waren 22 492 Wähler zugelassen, etwa 10 % der Wahlberechtigten hatten wegen ihrer früheren Zugehörigkeit zu NS-Organisationen einen Sperrvermerk. Das Wahlergebnis sah bei einer Wahlbeteiligung von 88,7 % die SPD bei 15, die CSU bei 12, die KPD bei drei und die WAV bei einem Sitz. Aus seiner Mitte heraus wählte der Stadtrat den bei der Stadt beschäftigten Rechtsrat Dr. Ignaz Schön (SPD) (1882–1957) mit 30 von 31 Stimmen zum neuen Oberbürgermeister.

Ende 1945 begann die systematische Trümmerbeseitigung. Durch die Stadt wurden Schienen verlegt. Auf diesen fuhr man zwei Jahre lang den Schutt in großen Loren zu der brach liegenden Fläche gegenüber der Berufsschule, wo der »Monte Schuttino« emporwuchs, dessen Umgestaltung zur Grünanlage 1960 vollendet war.

Die Wohnsituation war katastrophal. Bis September 1945 stieg die Einwohnerzahl bereits wieder auf 31 000. Zwei Familien in einer Wohnung waren Normalität. Andere hausten in Baracken, notdürftig ausgebauten Kellern, Dachböden und Gartenhäusern. Der Hungerwinter 1946/47 wurde nochmals zu einer Belastungsprobe. Da man für Geld nichts bekam, etablierte sich ein Schwarzmarkt. Linderung brachten Care-Pakete aus Amerika mit »Luxusgütern«, die die Deutschen nur noch aus der Erinnerung kannten: Kaffee, Milchschokolade, schwarzer Tee, weißes Mehl, Zucker. Mit der Währungsreform 1948 kamen zwar wieder Waren in die Schaufenster, doch kaum einer hatte das Geld, um die »Wucherpreise« zu bezahlen. 23 000 Menschen demonstrierten gegen die schlechte Lebensmittelversorgung.

Ab dem 15. Juli 1946 erschien mit amerikanischer Genehmigung die SPD-nahe Tageszeitung »Der Volkswille«, der die ehemaligen »Tagblatt«-Räumlichkeiten im Zeughaus zugewiesen wurden. Erst als die Pressebeschränkung fiel, konnte im August 1949 auch wieder das »Tagblatt« erscheinen. Um gegen den bereits etablierten »Volkswillen« bestehen zu können, kooperierte Altverleger Hans Helferich mit der Würzburger »Main-Post« und eroberte rasch die frühere Führungsrolle seines Blattes zurück. Der rote »Volkswille« musste 1955 mit dem schwarzen »Volksblatt« zur »Volkszeitung« fusionieren.

So zäh sich die ersten Nachkriegsjahre angelassen hatten, so rasant ging es ab 1949, dem Jahr der Gründung der Bundesrepublik, aufwärts. 1953 zählte die Stadt wieder 50 000 Einwohner. Mit wenig Geld wurden viele Wohnungen gebaut. Als

Um die drängende Wohnungsnot zu beheben, entstand nach dem Zweiten Weltkrieg auf der grünen Wiese der neue Stadtteil Bergl für über 10 000 Menschen.

wichtigstes Projekt entstand rund um den Wasserturm der neue Stadtteil Bergl für über 10 000 Menschen. Auch das Musikerviertel erstand neu. Getragen war diese Expansion von kommunalen, genossenschaftlichen und kirchlichen Wohnungsbauunternehmen.

Nachdem man die Auseinandersetzung mit dem Nationalsozialismus beendet hatte, wurde die Integration der Flüchtlinge zur größten gesellschaftspolitischen Herausforderung. Die mit eigenen Problemen oft genug überforderten Einheimischen begegneten den Heimatvertriebenen anfänglich großenteils mit Desinteresse. Die Neubürger kamen zwar mittellos, brachten aber ihre Talente und ihr Wissen ein. Angesichts der vielen Kriegstoten wäre der rasche Wiederaufbau ohne den Beitrag der Kaufleute, Ingenieure und Arbeiter aus Ost- und Westpreußen, Schlesien, Pommern und dem Sudetenland kaum möglich gewesen. Bis 1961 hatten 8000

Vertriebene (14 % der Bevölkerung) eine neue Heimat in Schweinfurt gefunden.

Die freiheitlich-demokratische Grundordnung der Bundesrepublik ermöglichte im Gefolge des Wirtschaftsaufschwungs ein Wiederaufblühen von Gewerkschaften, Verbänden und Vereinen. DGB und IG Metall wuchsen zu machtvollen Interessenvertretungen der Arbeitnehmer heran. Die erstaunliche Renaissance kirchlichen Lebens kann auch als Reaktion auf das vom Nationalsozialismus hinterlassene moralische Desaster interpretiert werden. Mit der Neugründung von zwei katholischen (St. Anton 1946, Maria Hilf 1950) und einer evangelischen Pfarrei (Gustav-Adolf 1950) wurden die kirchlichen Strukturen der gewachsenen Stadt angepasst.

Auf kulturellem Gebiet bildete im November 1946 die Gründung des Kulturvereins, dem die Volkshochschule angegliedert wurde, einen ersten Markstein. Das Amerika-Haus im Ernst-Sachs-Bad brachte westliche Kultur, weitete gerade für viele Jugendliche, die wenige Jahre zuvor noch zu »Herrenmenschen« erzogen worden waren, den Horizont. Georg Schäfer (II) holte bereits 1946 die Bamberger Symphoniker in den Kugelfischer-Saal. 1950 errichtete man an der Friedrich-Ebert-Straße die Stadthalle, die nach der Zerstörung des bisherigen Hauses am Schillerplatz zur vorläufigen Heimstatt des Theaters wurde.

Am schnellsten erholte sich der Sport: 1946 startete der FC 05 mit Erfolg in die neugegründete Oberliga Süd. Auch Radsport, Boxen, Handball und Faustball, Hockey und Korbball, Rollschnelllauf und Schwimmen erwachten rasch wieder zu neuem Leben. Allein in der Saison 1948/49 gingen sechs Deutsche Meistertitel nach Schweinfurt.

Um das bisher Erreichte zu feiern, erklärte der Stadtrat das Jahr 1954 zum Jubiläumsjahr, in dem man unter dem Motto »Zerstörung und Wiederaufbau in sieben Jahrhunderten« auch der erstmaligen Erwähnung als Reichsstadt 1254 und der Stadtverderben von 1554 und 1943/45 gedachte. Im Rahmen der Feierlichkeiten wurde der Grundstein für das Neue Rathaus gelegt, das 1958 fertiggestellt werden sollte.

Krise und Boom III: Industriegeschichte 1945–1980

Nach dem Zweiten Weltkrieg waren die Industrieanlagen zu 80 % zerstört. Wegen der NS-Verwicklungen traten bei F & S und Kugelfischer zunächst Treuhänder an die Stelle der Eigentümer. Auch bei VKF mussten 52 Führungskräfte den Hut nehmen. Bewusst unterlief man diese Anordnung der Besatzungsmacht, indem man die »Entlassenen« an F & S auslieh, das im Gegenzug seine Leute zu VKF schickte.

Die Alliierten verlangten Entschädigungen für Kriegsverluste und wollten das militärische Potential der Deutschen vernichten. Da die Kapazitäten von Kugelfischer im Jahr 1943 (38 % Marktanteil) etwa dem Bedarf für die Rüstungsindustrie entsprachen, war die Firma nach Auffassung der Amerikaner in Friedenszeiten entbehrlich – der zivile Bedarf könne von VKF und den übrigen Firmen gedeckt werden. So erklärten die Alliierten Kugelfischer zum Reparationsbetrieb, dessen Maschinenpark vollständig demontiert und an die Siegermächte übergeben werden sollte. Nach Überwindung des ersten Schocks kämpften Georg Schäfer (II) und seine Mitarbeiter gegen dieses »Todesurteil«. Das Schicksal mehrerer tausend Arbeiter und ihrer Familien stand auf dem Spiel. Alle Verantwortlichen bis hin zu Ministerpräsident Högner und dem SPD-Vorsitzenden Kurt Schumacher protestierten gegen diese Anordnung.

Nach zwei Jahren der Unsicherheit, während derer die Produktion schon wieder angelaufen war, schwebte das Damoklesschwert »Demontage« im Sommer 1947 weiterhin über »Kufi«. Inzwischen aber hatten die Amerikaner ihre Verantwortung für den Wiederaufbau Westdeutschlands erkannt; dieser sollte nach US-Grundsätzen ablaufen, einer davon war die Verhinderung von Monopolen. Das Aus für Kufi hätte VKF unweigerlich ein Monopol verschafft. Ende September 1947 entschieden die Amerikaner deshalb, zwar an der Demontage festzuhalten; gleichzeitig wurden VKF und andere aber verpflichtet, dem Konkurrenten Maschinen zu überlassen, damit dieser weiterproduzieren konnte. Die Folge waren grenzenlose Erleichterung bei Kufi und ungläubiges Staunen bei den »Schweden«.

Der 8. Mai 1945 markiert in der deutschen Geschichte eine Zäsur. Die Niederlage war in militärischer, wirtschaftlicher und moralischer Hinsicht vernichtend gewesen. So tief der Einschnitt auch empfunden wurde – der nun einsetzende Aufschwung fußte wesentlich auf Produktionsmethoden, die in den 1930er-Jahren und während des Krieges entwickelt worden waren. Die Überlebenden hatten das vor 1945 erworbene Knowhow in die neue Zeit hinüberretten können. Für die am Boden liegende Industrie wurde dieses zum entscheidenden Faktor beim Wiederaufbau. Hinzu kam die Bereitschaft der Mitarbeiter, die Zukunft selbst in die Hand zu nehmen. Für die Aufräumungs- und Instandsetzungsarbeiten in den Fabriken waren die Unternehmer kaum mehr als eine symbolische Entlohnung zu zahlen im Stande. Im Laufe des Jahres 1948 kehrten die Eigentümer Willy Sachs und die Brüder Schäfer in ihre Firmen zurück. Während Georg Schäfer (II) bei Kugelfischer sofort wieder die unbestrittene Führungsposition einnahm, beschränkte sich Willy Sachs auf den Vorsitz im Aufsichtsrat und überließ seinen Direktoren nun auch offiziell die Leitung der Firma.

Die Schweinfurter Industrie war »kriegswichtig« gewesen. Die Entwicklung der Nachkriegsjahre aber zeigte dann, dass der Bedarf an Wälzlagern, Motoren, Kupplungen und Stoßdämpfern auch in Friedenszeiten keineswegs geringer war. Von 1949 bis 1953 verdreifachte sich der Gesamtumsatz auf 380 Millionen DM. Eine Dokumentation der bayerischen Wirtschaft konstatierte bereits 1954, die Stadt sei »mit weitem Vorsprung der beste Devisenbringer von ganz Unterfranken«. Man exportierte »mehr als das gesamte andere Unterfranken, einschließlich der Städte Würzburg und Aschaffenburg zusammen«. Nach der VW-Stadt Wolfsburg war das Gewerbesteueraufkommen pro Einwohner das zweithöchste in der Bundesrepublik. 1953 zählten die drei Großbetriebe 18 000 Beschäftigte, Ende der 1960er-Jahre sollten es über 30 000 sein, fast gleichmäßig auf die drei Firmen verteilt. Bei einer Arbeitslosenquote von 1,1 % herrschte Vollbeschäftigung. Um den Arbeitskräftebedarf zu decken, warb man Gastarbeiter aus der Türkei und Südeuropa an. Schweinfurt war, wie schon

Mitte der 30er-Jahre, der nach Nürnberg, Augsburg und München viertgrößte Industriestandort in Bayern.

Auswärtigen Beobachtern galt die Stadt als »industrieller Paukenschlag«. Mächtige Fabrikanlagen waren aus den Ruinen wiedererstanden. In den Werkshallen stand ein Arbeiter neben dem anderen an seiner Maschine. Die Schlote rauchten als Zeichen unablässiger Geschäftigkeit. Wenn bei Schichtende die Sirenen ertönten, entließen die Werkstore Zehntausende in den Feierabend. Die Zufahrtsstraßen waren dann schwarz vor Menschen, die ihren Wohnorten entgegeneilten. 1980 hatte die Stadt annähernd so viele Arbeitsplätze wie Einwohner

HINTERGRUND

DER SACHS-MOTOR

Über die Motorisierung des Fahrrades hatten in den 1920ern schon viele Ingenieure nachgedacht. Bei der Neuausrichtung der Produktion 1930 begann Sachs zunächst mit einem 74-ccm-Motor und 1,25 PS. Zum durchschlagenden Erfolg wurde ab 1932 der 98-ccm-Motor mit 2,25 PS. Die Fahrradhersteller bauten den Sachs-Motor in ihre Räder ein: das »Mofa« (Motor-Fahrrad) war geboren.

Sachs startete eine groß angelegte Werbekampagne: Vor den Augen eines staunenden Publikums überwanden die Fahrräder mit Sachs-Motor problemlos die höchsten Alpenpässe. Der Durchbruch als Motorenproduzent war geschafft. Nun machten sich die Sachs-Ingenieure noch an die Konstruktion eines schwächeren 60-ccm-Fahrradmotors, der ab 1937 in die Nabe der »Saxonette« eingebaut wurde. Als Motorenlieferant eroberte Sachs eine marktbeherrschende Stellung.

Zielgruppe war der »kleine Mann«, der sich kein Motorrad, geschweige denn ein Auto leisten konnte. Ihm brachte Sachs die ersehnte Mobilität. In den 1960ern war F & S unbestritten die größte Zweitaktmotorenfabrik der Welt.

Neben dem Mofa fand der »Sachser« auch in Landwirtschaft und Gewerbe als stationärer Motor (StaMo) Anwendung. Ähnlich wie die Torpedonabe verlor der Sachs-Motor in Zeiten der Automobilkonjunktur zunehmend an Bedeutung für die Produktpalette der Firma. 1996 wurde der Motorenbau eingestellt.

Blick auf das SKF-Werk I an der Schrammstraße. In der Hochzeit des Wirtschaftswunders errichtete Gunnar Wester 1963 das 12-stöckige Verwaltungshochhaus.

(54 000). Täglich kamen 28 000 Pendler aus den Maindörfern zwischen Eltmann und Kitzingen, den Gaudörfern und dem Werntal, aus Steigerwald und Haßgau, Rhön und Grabfeld zu ihren Arbeitsplätzen in der Schweinfurter Industrie.

Das von VKF (1953 umbenannt in SKF) bereits in den 30er-Jahren begründete Wiesenfest wurde zum Inbegriff wirtschaftswunderzeitlicher Lebensfreude. Gunnar Wester überwies jährlich so viele Millionen nach Göteborg, dass ihm von

Großlagerfertigung bei FAG Kugelfischer (um 1965).

dort niemand hineinzureden wagte, als er 1961/63 das 12-stöckige SKF-Verwaltungshochhaus baute, das mit seiner riesigen Leuchtreklame weithin den Führungsanspruch des Konzerns dokumentierte und bis heute die Silhouette der Stadt prägt. Bei Kugelfischer lag der in einem Kuvert überreichten, nach Jahren der Werkszugehörigkeit und der Kinderzahl gestaffelten Weihnachtsgratifikation ein Dankschreiben des Patrons Georg Schäfer (II) an seine »Liebe Werksfamilie« bei. Die Kinder der Kufi-Mitarbeiter erhielten zu Kommunion und Konfirmation auf Firmenkosten Anzüge und Kleider. Auch F & S stand mit freiwilligen sozialen Leistungen (»Ernst-Sachs-Hilfe«) nicht zurück. Die emotionale Bindung zwischen Firmeninhabern und Beschäftigten war groß. 1958 bewegte der Tod von Willy Sachs die Menschen. Zehntausende säumten die Straßen und gaben ihrem »Konsuul« das letzte Geleit.

Allerdings sind auch traditionsreiche mittelständische Firmen zu nennen, die den Weg in die neue Zeit nicht mehr mitgehen konnten: Mit dem Krieg endete die Geschäftstätigkeit der Deutschen Gelatinefabrik und der Ultramarinfabrik. 1960 schloss mit der Gademannschen Farbenfabrik der letzte, noch im ausgehenden 18. Jh. gegründete Industriepionier seine Pforten.

In der Großindustrie hingegen standen in den 60ern und frühen 70ern die Zeichen weiter auf Expansion. Südlich des Mains bauten F & S das »Werk Süd« (1970) und SKF das »Werk III« (1971). Im Ausland entstanden neue Produktionsstätten, die Löhne stiegen in manchen Jahren mit zweistelligen Prozentpunkten – und doch zeigten sich erste dunkle Wölkchen am Himmel: Bei SKF notierte man schon 1967, die Goldenen Zeiten seien vorbei. Im deutschen Wälzlager-Duopol gewann Kugelfischer gegenüber dem Marktführer SKF immer mehr Marktanteile. In der Tradition von Vater und Großvater trat Ernst Wilhelm Sachs (1928–1977) die Leitung der Firma an, musste jedoch bereits 1967 bei der ersten Flaute seinen Hut nehmen. Die Ölkrise 1973/74 und japanische Dumpingpreise für Kugellager brachten erstmals einen deutlichen Einbruch. Kurzarbeit war von nun an ein immer wiederkehrendes Drohwort. Auf die Ankündigung von Stellenabbau reagierten SKF-Mitarbeiter 1976 mit einem »wilden Streik«. Bei den »Schweden« war der Organisationsgrad der Arbeiter in der IG-Metall von jeher hoch, während die Kufi-Mitarbeiter auf die soziale Ader von »Papa Schäfer« vertrauten. Als dieser 1975 starb, hinterließ er einen weltweit tätigen Konzern mit 30 000 Mitarbeitern.

Während die dritte Generation der Familie Schäfer bei Kufi die Diversifikationsstrategie fortsetzte, auf mehreren Standbeinen stehen wollte, um mögliche Konjunkturschwankungen im Kerngeschäft Wälzlager aufzufangen, verordnete Göteborg seiner Schweinfurter Tochter eine Anpassung an die gesunkenen Absätze. Die Zeiten einer relativen Eigenständigkeit der deutschen SKF GmbH gegenüber der Zentrale waren damit vorbei. 1978 fiel SKF aus der Gruppe der 100 größten deutschen

Industrieunternehmen, in der sich die »großen Drei aus Schweinfurt« (Kufi belegte den 67., F & S den 85. Rang) etabliert hatten. Schon früher hatte F & S die kriselnden Hercules- und Zweirad-Union-Werke erworben, ohne mit ihnen glücklich zu werden. 1975 holten die Brüder Sachs einen kapitalstarken Partner ins Boot. Der Verkauf der Mehrheitsanteile ihres Unternehmens spülte die gewaltige Summe von 680 Millionen DM in ihre Privatschatulle. Durch Schweinfurt ging ein Sturm der Entrüstung: »Man hat uns verhökert mit Mann und Maus.« Playboy Gunter Sachs (1932–2011) sollte diesen Verkauf später die »wichtigste Entscheidung meines Lebens« nennen. Auch mit Blick auf die Entwicklung bei Kufi Anfang der 90er-Jahre kam er zu dem Schluss, es sei für das Unternehmen und die Familie Sachs damals das Beste gewesen, sich zu trennen. Seine Interessen lagen auf anderen Gebieten, auch mag er sich der eigenen Grenzen bewusst gewesen sein. Das Beispiel Schäffler aus Herzogenaurach aber zeigt, dass es auch später noch möglich war, unter gewandelten Vorzeichen ein Familienunternehmen erfolgreich zu führen.

Starke Sozialdemokraten: Wichtermann und Petzold

Nach Ignaz Schön (1946–1956) regierten mit Georg Wichtermann (1956–1974) und Kurt Petzold (1974–1992) zwei starke Sozialdemokraten die Stadt jeweils für drei Amtsperioden. Über Parteigrenzen hinweg erwarben sie sich Anerkennung auch beim politischen Gegner – was die Bürger mit klaren Wahlsiegen belohnten. Aus der Arbeiterbewegung hervorgegangen, lenkte Wichtermann (1909–1997) die Geschicke der Stadt in der Zeit des Wiederaufbaus und des Wirtschaftswunders. Der rechtzeitig zum Nachfolger aufgebaute Kurt Petzold (geb. 1936) stand als Jurist für eine moderne SPD, die nicht mehr nur reine Arbeiterpartei war. Seine Amtszeit ist bereits von konjunkturellen Schwankungen in der Großindustrie gekennzeichnet. Die Phase des Aufholens, in der die zu rasch gewachsene Stadt ihre weiter bestehenden Defizite in den Bereichen Wohnung und Infrastruktur ausgleichen musste, kam um 1980 zum Abschluss.

Besonderes Augenmerk legte man über Jahrzehnte hinweg auf eine moderne schulische Infrastruktur. Die Volksschulen (Dr. Pfeiffer- 1952, Auen- 1957, Albert-Schweitzer- 1961, Kerschensteiner- 1969, Gartenstadt- 1970) sowie drei Gymnasien (Olympia-Morata- 1956, Walther-Rathenau- 1957 und Alexander-von-Humboldt- 1974) erhielten Neubauten in großteils hochwertiger Architektur. Das Celtis-Gymnasium übernahm 1982 der Landkreis in seine Trägerschaft. Ergänzt um weitere Einrichtungen deckt die Stadt heute fast alle Bereiche schulischer Bildung ab, die von über 20 000 Schülern aus der Region Main-Rhön besucht werden. Am Balthasar-Neumann-Polytechnikum, das 1963 seinen Lehrbetrieb in Schweinfurt aufnahm und 1971 zur Fachhochschule erhoben wurde, erfolgt die Ausbildung qualifizierter Ingenieure. Über mehr als vier Jahrzehnte liefert die jetzige »Hochschule für angewandte Wissenschaften Würzburg-Schweinfurt« nun schon Techniker und Ingenieure für die Großindustrie. Der Ausbau der kirchlichen Strukturen setzte sich mit neuen Pfarreien auf katholischer (Christkönig 1962, St. Peter und Paul 1963, St. Michael 1963, Maximilian-Kolbe 1980) wie evangelischer Seite (Auferstehungs- und Christuskirche 1957, St. Salvator und Dreieinigkeit 1958, St. Lukas 1965) fort.

Die Bautätigkeit lief auf Hochtouren. Ergänzend zu den Mietwohnungen am Bergl und im Musikerviertel wurden das Hochfeld und der Steinberg ab 1956 vorwiegend mit privaten Einfamilien-Reihenhäusern bebaut. Überragt wird Letzterer jedoch von dem 1964 im Auftrag von SKF errichteten, weithin sichtbaren 24-stöckigen Hochhaus, das als eindrucksvolles Zeugnis des Wohnungsbaus der 60er-Jahre gelten kann. 1970 überschritt die Einwohnerzahl die Marke von 60 000, die Stadtplaner rechneten mit einem weiteren Anstieg auf 80 000.

Vor diesem Hintergrund war die Gründung von zwei weiteren Stadtteilen, der Haardt und des Deutschhofes, folgerichtig. Obwohl damit neuer Wohnraum für über 10 000 Menschen entstand, sank die Einwohnerzahl in den folgenden zwei Jahrzehnten bis 1990 auf fast 50 000. In den Vororten waren Baugebiete ausgewiesen worden, in denen sich viele Arbeitnehmer auf billigem Grund ein Häuschen im Grünen

Neben dem Wohnungsbau bildeten die Schulen in den 1950ern einen Schwerpunkt der Stadtpolitik; hier das Olympia-Morata- und das Walter-Rathenau-Gymnasium samt Realschule (um 1960).

leisten konnten. So wuchs ein Speckgürtel um die Stadt, der fast ebenso viele Einwohner zählt wie diese selbst. Schweinfurt antwortete darauf ab 1984 mit dem Neubaugebiet »Eselshöhe«, das junge Familien in der Stadt halten sollte, doch wäre die Bevölkerungszahl wahrscheinlich weiter gesunken, wenn es nicht nach der Wiedervereinigung zu einem Zustrom aus den neuen Bundesländern sowie zu staatlich gelenktem Zuzug von Spätaussiedlern aus der zusammenbrechenden Sowjetunion gekommen wäre. Nur auf dieser Basis gelang es, die Einwohnerzahl bis heute über der Schwelle von 50 000 zu halten.

Ohne den Magneten Schweinfurt wären die umliegenden Orte kaum zu Gemeinden mit mehreren tausend Einwohnern angewachsen. Als Anfang der 1970er-Jahre über die anstehende Gebietsreform entschieden wurde, konnte die »rote« Stadt im CSU-dominierten Freistaat nicht mit Unterstützung rechnen. Während den meisten Oberzentren zumindest einige ihrer Vororte zugewiesen wurden, erhielt Schweinfurt keinen einzigen – zu sehr sorgten sich einflussreiche CSU-Mandatsträger um das Wohl des Landkreises, in dessen künftigem Gefüge die wohlhabenderen städtischen Vororte die geringe Wirtschafskraft der stadtferneren, bäuerlich geprägten Dörfer ausgleichen sollten.

Für die Autobahnplaner besaß Schweinfurt ebenfalls nicht die allerhöchste Priorität. Die hiesigen IHK-Vertreter kostete es viel Mühe, eine nahe an Schweinfurt vorbeiführende Trasse der A7 Würzburg–Fulda mit den Anschlussstellen Werneck und Rütschenhausen (eröffnet 1966/68) durchzusetzen. Parallel dazu wurde als Anbindung an die 30 km entfernte A3 Würzburg–Nürnberg die B 286 bis Wiesentheid als Schnellstraße ausgebaut. In diesem Zusammenhang entstand bis 1967 mit der vierspurigen Hahnenhügelbrücke der zweite Mainübergang, der heute von täglich über 40 000 Fahrzeugen frequentiert wird. Die 1991 vom Autobahnkreuz Schweinfurt/Werneck der A7 durchgehend bis Bamberg freigegebene Maintalautobahn A70 und die als Verkehrsprojekt »Deutsche Einheit Nr. 16« realisierte A71 nach Erfurt (eröffnet 2005) sorgen inzwischen für eine optimale Anbindung der Stadt an das bundesdeutsche Autobahnnetz.

Auf der Schiene hingegen ist Schweinfurt seit 1945 lediglich Halte- und Umsteigepunkt für den Regionalverkehr. Die über Schweinfurt verlaufende Fernverbindung Stuttgart–Berlin endete 1945 mit der deutschen Teilung. Für die Arbeiter der Großindustrie, die früher zu tausenden mit dem Zug aus dem Umland nach Schweinfurt kamen, besitzt die Bahn als tägliches Verkehrsmittel seit Mitte der 1970er-Jahre kaum noch Bedeutung. Nach der Grenzöffnung lebte immerhin die alte Verbindung nach Erfurt 1991 wieder auf.

Am Main stand der weitere Ausbau zur internationalen Wasserstraße an. 1962/63 wurden die Schleusenanlagen vergrößert und die Staustufe samt Mainkraftwerk 400 m flussabwärts verlegt. Der neue Hafen mit modernen Krananlagen sollte die Schifffahrt wieder konkurrenzfähig zu Straße und Schiene machen. Zusammen mit der Schleuse errichtete die Rhein-Main-Donau AG ein neues Mainkraftwerk, an dem die Stadt als Gesellschafterin beteiligt ist. Das alte städtische E-Werk neben der Spinnmühle wurde abgebrochen. Auch das Gaswerk am Marienbach, einst Eckpfeiler der kommunalen Energieerzeugung, wurde 1965 stillgelegt. Es folgte das Zeitalter der Kernkraftwerke, das die Stadt unmittelbarer als die meisten anderen Kommunen betraf, da 1981 nach siebenjähriger Bauzeit direkt vor ihren Toren das KKW Grafenrheinfeld in Betrieb ging. Klagen und Protestdemonstrationen über Jahre hinweg konnten den Atommeiler nicht verhindern. 2015 soll dessen Betrieb enden. Umstritten war anfänglich auch das Gemeinschaftskraftwerk GKS (1994), in dem einerseits Müll verbrannt, andererseits Strom für Stadt und Großindustrie produziert wird.

Der moderne Verkehr stellte das über Jahrhunderte hinweg kaum veränderte innerstädtische Straßennetz vor bis dato unbekannte Probleme. Bereits 1954 war offenkundig, dass »die Straßen und Brücken den Anforderungen des Verkehrs nicht mehr gewachsen [waren] und das Parkproblem einer Lösung« harrte. Die B 26 verlief weiterhin durch die Rückertstraße, am Rathaus vorbei und durch die Spitalstraße. Entscheidende Voraussetzung für eine Entlastung der Innenstadt war eine leistungsfähige neue Verkehrsführung. Nach langjährigen Planungen konnte die streckenweise vierspurige Trasse vom Obertor zur Schultesstraße 1980 übergeben werden. Damit war der Weg frei für die Umwandlung weiter Teile der Innenstadt zur Fußgängerzone. Das Parkproblem konnte zwischen 1976 und 1990 durch den Bau von vier Tiefgaragen und einem Parkhaus gelöst werden.

1972 wurde Schweinfurt als eine der ersten bayerischen Kommunen in das Städtebauförderungsprogramm aufgenommen – allerdings gab es auch wenige Städte, die dies nötiger hatten. Bei der Erschließung neuer Baugebiete auf der grünen Wiese war die Altstadt vernachlässigt worden, die abseits der Einkaufsstraßen vielfach ein trostloses Bild bot. Notdürftig reparierte Kriegsruinen, heruntergekommene Häuser und Lagerhallen gab es zuhauf. Die Einwohnerzahl in der Altstadt war von 8000 (1950) auf unter 3000 (1980) gesunken. In vier Jahrzehnten gelang es der Stadtverwaltung, große Teile der südlichen und östlichen Altstadt als liebenswerte innerstädtische Wohnquartiere zu reaktivieren. Die Sanierung des Schrotturms (1990) wurde zu einem Leuchtturmprojekt. Voraussetzung dafür war die Verlagerung der bisher in der Altstadt angesiedelten Handwerks- und Handelsgeschäfte in die neu geschaffenen Gewerbegebiete am Stadtrand (v. a. Hafen).

Parallel zur städtebaulichen Umgestaltung der Innenstadt vollzog sich seit Anfang der 80er-Jahre ein tiefgreifender Strukturwandel in der Geschäftswelt. Inhabergeführte Einzelhandelsgeschäfte beherrschten in den 50er- und 60er-Jahren den Markt. Horten (1964) und C & A (1975) brachen diese Phalanx auf und eröffneten moderne Einkaufstempel in bis dato für Schweinfurt unbekannten Dimensionen. Mit dem IDUNA-Hochhaus (1967) im Westen und dem »Centrum« im Osten (1973), das die Schweinfurter ob seiner betonierten Monstrosität »Zementrum« tauften, wuchs die Innenstadt in die Höhe. Die alteingesessenen Händler spürten die Konkurrenz. Sukzessiv mussten viele etablierte Kaufhäuser schließen, weil sie dem Druck der Filialisten und der Fachmärkte nicht mehr standhalten konnten. Zu spüren bekam die rückläufige Frequenz auch der traditionell von den Sennfelder und Gochsheimer Gemüsebauern beschickte Wochenmarkt, der durch die Konkurrenz der Frischeabteilungen in den Supermärkten auf die Hälfte seiner früheren Größe zusammengeschmolzen ist.

In die durch Wegzug in die Neubaugebiete der Stadt und des Umlandes frei gewordenen Wohnungen in der Innenstadt zogen vielfach die in Zeiten des Arbeitskräftemangels angeworbenen Gastarbeiter. Nach den Italienern (ab 1955) kamen vor allem Griechen (ab 1960), Türken (ab 1961) und Jugoslawen (ab 1968), anfänglich in der Absicht, nach einiger Zeit in die Heimat zurückzukehren. Als die Frauen nachzogen und Kinder geboren wurden, trafen viele die Entscheidung, dauerhaft hierzubleiben. Zur mit Abstand größten Gruppe avancierten die etwa 3000 Türken. 1963 hatten Moslems erstmals Ramadan in

DIE SCHWEINFURTER SCHLACHTSCHÜSSEL

Seit Mitte des 19. Jhs. die erste Schweinfurter Schlachtschüssel stattfand, entwickelte sich dieses kulinarisch-derbe Vergnügen zu einem einzigartigen Ritual. Weil dabei riesige Mengen Schweinefleisch verzehrt werden, trommelt der Wirt üblicherweise größere Gruppen (50–100 Personen) zusammen. Was man dabei nicht braucht sind Teller, denn gegessen wird direkt von langen, blank geputzten Holzbrettern. Mit Schlachtschüsselliedern (»Nimm mich mit, nimm mich mit, grunzt ein fettes Schwein ...«) stimmen sich die Gäste ein. Heftiges Trommeln mit Messer und Gabel auf die Holzbretter signalisiert dem Wirt, dass es losgehen kann. Frisch aus dem dampfenden Kessel wird in den folgenden drei Stunden unablässig Fleisch aufgetragen; von den Haufen nimmt sich jeder, so viel er will. Los geht es stets mit Bauchfleisch, dann kommen die weiteren Gänge Brust, Stich, Hals, Bug, Kopf, Rüssel, Backe, Ohren, Zunge, Herz, Hirn, Leber und zum krönenden Abschluss die »nussigen Nierli«. Dazu gibt es Sauerkraut, in Würfel geschnittenes Schwarzbrot, Meerrettich, Salz und Pfeffer. Das übriggebliebene Fleisch wird mit großen Kellen abgeräumt und anschließend zu Wurst verarbeitet. Man trinkt Most oder Wein, in der Pause einen Schnaps. Zwischendurch schmuggelt der Wirt einen Sauschwanz ein und hängt ihn einem Gast an den Rockzipfel. Wenn es dann ertönt »Er hängt!«, ist das Gelächter groß. Auswärtige Gäste staunen nicht selten über diese Huldigung der Schweinfurter an das namengebende Tier ihrer Stadt und lassen sich schnell von der Begeisterung anstecken. Eines allerdings verträgt die Schlachtschüssel nicht: sommerliche Hitze.

Schweinfurt gefeiert, vier Jahre später eröffnete in der Cramerstraße der erste türkische Kulturverein. Türkisches Leben und der Islam mit seinen drei Moscheen (Fatih Camii, Merkez Camii, Schweinfurt Camii) sind heute ein Teil der Stadt.

Eine eigenständige Gemeinde bildeten bis 2014 die seit dem Ende des Zweiten Weltkriegs in Schweinfurt stationierten, lange Zeit über 12 000 Köpfe zählenden Amerikaner. Als Besatzer gekommen, wurden die US-Streitkräfte über Jahrzehnte zur Schutzmacht im Kalten Krieg, nach dessen Ende war der Abschied folgerichtig. Mit den Kasernen »Ledward-Barracks« und »Conn Barracks«, den Siedlungen »Askren Manor« und »Yorktown« sowie etlichen Bars waren die Amerikaner über Jahrzehnte im Stadtbild überaus präsent und ein Wirtschaftsfaktor von nicht zu unterschätzender Bedeutung.

Die bislang letzte große Zuzugswelle brachte der politische Umsturz in der Sowjetunion Anfang der 1990er-Jahre, als viele Russlanddeutsche in der Stadt ansässig wurden. In mehr als der Hälfte der Schweinfurter Haushalte leben heute Menschen mit Migrationshintergrund. Am sichtbarsten haben Zuwanderer ihre Spuren zweifellos im Bereich der Gastronomie hinterlassen, wo sich die deutsche Küche gegen Pizza, Döner und Gyros behaupten muss.

Der FC 05 als das sportliche Aushängeschild der Stadt konnte bis zur Gründung der Bundesliga 1963 im Konzert der ganz Großen mithalten. 1966 und 1975 klopfte man sogar ans Tor zur Ersten Liga. Der eigene Nachwuchs lieferte stets einen zuverlässigen Stamm. Mit der Aussicht auf einen sicheren Arbeitsplatz konnten gute Spieler nach Schweinfurt geholt oder hier gehalten werden. In der Vereinsführung saßen Direktoren aus der Großindustrie. Im Firmeninteresse von Fichtel & Sachs lag darüber hinaus die Förderung des Radsports. Unter zahlreichen Olympia-, Welt- und Europameisterschaftsteilnehmern ragen die olympischen Bronzemedaillengewinner Edi Ziegler (1952) und Reinhold Pommer (1956) heraus. Das »Ernst-Sachs-Gedächtnisrennen« zog auf einem Rundkurs durch die Innenstadt Zehntausende in seinen Bann. Die 50er- und 60er-Jahre sahen neben der Mannschaft des RV 1889 auch Günther Ziegler (Rad), Robert Wiener (Dreisprung), Norbert Rumpel (Schwimmen), Hans Schömig (Boxen) und Günter Traub (Eisschnelllauf) als deutsche Meister. Die Zeit der überregionalen Bedeutung des Schweinfurter Sports endete 1976 mit dem Abstieg des FC 05 aus der 2. Bundesliga, auch wenn 1990 und 2001 nochmals für ein Jahr der Sprung in die Zweite Bundesliga gelang. An der Schnittstelle zwischen Amateur- und Halbprofitum jedoch muss der Verein seit den 1980er-Jahren die meiste Zeit mit dem Eishockey (ERV) um die Gunst des Publikums buhlen. Im Breitensport erlebten die Vereine bis in die 90er-Jahre mit steigenden Mitgliederzahlen und dem stetigen Ausbau der Anlagen eine Blütezeit. In rund 80 Vereinen mit 22 000 Mitgliedern spielen alle Arten sportlicher Betätigung bis in die Gegenwart eine wichtige Rolle im Leben der Schweinfurter.

Auf kulturellem Gebiet setzten die Errichtung des Friedrich-Rückert-Baus als Heimstatt für Volkshochschule und Stadtarchiv (1962) und des Stadttheaters (1966) Maßstäbe. Insbesondere das Theater vermittelt mit den Gastspielen renommierter Häuser seitdem Hochkultur, die man in einer Stadt mit gut 50 000 Einwohnern nicht selbstverständlich erwarten kann. Entstanden in einer Zeit, in der Schweinfurt für Außenstehende dank der Gewerbesteuer als »reiche Stadt« galt, war das Theater lange Zeit der einzige Luxus, den sich die Stadtväter leisteten. Als echte Attraktion galten in dieser Zeit auch die Wasserspiele in den Wehranlagen (1961). Weitere attraktive Freizeiteinrichtungen entstanden mit dem Sommerbad (1958, ab 2005 »Silvana«), dem Wildpark an den Eichen (ab 1962) und dem Baggersee am Schweinfurter Kreuz (1974). Traditionelle Höhepunkte im jährlichen Festkalender sind der Faschingszug (seit 1979), das Volksfest (seit 1909) und das Straßenfest (seit 1975, ab 2010 »Stadtfest«), dazu kommen der Vogelschuß (seit 1787), die Stadtteilkirchweihen der Bürgervereine sowie zahllose Pfarr- und Vereinsfeste.

In den 70er- und 80er-Jahren bildeten sich mit dem »Sofa« und der »Schreinerei« autonome Jugendzentren, in deren Nachfolge die »Disharmonie« (1983) und der »Stattbahnhof« (1991) inzwischen etablierte kulturelle Einrichtungen sind. Die Gründung des Kunstvereins (1986) und des Kulturpackts (1993) markieren weitere Stationen auf dem Weg zur Kulturstadt, die seit 2000 auch vom Musikfestival »Nachsommer« bereichert wird. Dem Gedanken des Friedens zwischen den Völkern und dem Zusammenwachsen des geeinten Europa verpflichtet sind die Städtepartnerschaften, die Schweinfurt mit dem schottischen Motherwell/Whishaw (1962, jetzt North Lanarkshire), dem französischen Châteaudun (1964) und dem finnischen Seinäjoki (1979) pflegt.

Das 1981 eröffnete Leopoldina-Krankenhaus mit seinen knapp 700 Betten bildete für die Gesundheitsversorgung der gesamten Region Main-Rhön einen Meilenstein. Der Bau markiert gleichzeitig den Abschluss der Wachstumsphase Schweinfurts. Der Großteil aller nachfolgenden Investitionen ergänzte das Angebot und sicherte dessen Qualität, brachte aber – sieht man von der Kunst ab – keine entscheidende Neuerung mehr. Staatlich gefördert etablierten sich lokale, private Radio- (Primaton seit 1990) und Fernsehsender (TV1 1989–2011, TV Touring seit 1990). Auch wenn nicht alles Wünschenswerte (z. B. das Bergl-Bad) realisiert werden konnte, verfügte die Stadt Ende der 1980er-Jahre bei der Daseinsvorsorge, in den Bereichen Soziales, Bildung, Handel, Freizeit und Kultur über ein Angebot, wie man es von einer mittelgroßen bundesdeutschen Stadt erwarten konnte. Der zügige Auf- und Ausbau auf all diesen Feldern hatte die Kommune jedoch bis an ihre finanzielle Belastungsgrenze geführt. Schweinfurt war nun die Stadt mit der höchsten Pro-Kopf-Verschuldung in Bayern. Wenn die Gewerbesteuerzahlungen der Industrie ausblieben, musste dies zu einer veritablen Krise führen.

Bau- und Kunstwerke des 20. und beginnenden 21. Jahrhunderts

Am Rand der Altstadt wurde 1902 die von Anton Leipold (Würzburg) geplante neoromanische katholische Pfarrkirche Heilig Geist geweiht. Westlich davon entstanden ab 1902 und ab 1904 nach Entwürfen von Theodor Kollmann (München) ein neobarocker Justizpalast und das Finanzamt. 1908 erhielt die Bayerische Staatsbank einen von Eugen Drollinger im Prinzregentenstil entworfenen Neubau.

1898 wurde in der Spitalstraße als Filiale von H. & C. Tietz ein mit Zierrat überhäuftes Kaufhaus mit riesigen Schaufenstern gebaut, das leider einem Neubau gewichen ist. Den barockisierenden Jugendstil repräsentiert das 1912 erbaute dreigeschossige Anwesen in der Spitalstraße 19.

Mehr als nur ein technisches Denkmal ist der Wasserturm im Stadtteil Bergl von 1911. Zu einem Technikschloss hat dagegen Theodor Ganzenmüller das 1912/1913 erbaute Betriebs-

Auf den Ruinen der im Zweiten Weltkrieg zerstörten Kirche erbaute der Würzburger Dombaumeister Hans Schädel 1953 die Pfarrkirche St. Kilian, für die Georg Meistermann aus Köln sein kongeniales Glasfenster im Chor schuf. – Aufnahme aus den 1950er-Jahren.

gebäude des »Brauhaus Schweinfurt« in der Klingenbrunnstraße 22–26 werden lassen.

Von dem gebürtigen Schweinfurter Theodor Fischer stammt der Entwurf für ein Denkmal von 1903 an der Maxbrücke, das 2012 durch die Gesellschaft Harmonie erneuert worden ist. Außerdem schuf Fischer 1924 den Entwurf eines Mahnmales für die Gefallenen des Ersten Weltkriegs an der St. Johannis-Kirche. Sein Schüler Paul Bonatz plante 1907/08 die Friedenschule: Zwei Pavillons mit Walmdächern wurden ursprünglich durch einen niedrigeren Mittelbau verbunden. Von Bonatz stammen außerdem die Pläne für den Verwaltungsbau von Fichtel & Sachs (1931/33). Bekannter ist freilich das 1934/36 nach Plänen von Bonatz und Dübbers erbaute und nach seinem Stifter benannte Willy-Sachs-Stadion.

Das »Dritte Reich« hat mit zwei Kasernen und 13 öffentlichen Luftschutzbunkern einige unbequeme Denkmäler hinterlassen. Unrühmliche Zeugnisse der Zeit waren auch die

Als Hausarchitekt von FAG Kugelfischer plante und baute Erich Schelling eine Vielzahl von wegweisenden Industriebauten. – Aufnahme der Gebäude der Hauptverwaltung, 1950er-Jahre.

Zwangsarbeiterlager. Auf Betreiben der »Initiative gegen das Vergessen« entwarf herman de vries (Eschenau) 2011 ein Denkmal für diese Zwangsarbeiter.

Mit der Stadt waren im Zweiten Weltkrieg viele Kirchen und die 1938 von den Nazis geschändete jüdische Synagoge zerstört worden. 16 christliche Kirchen sind nach 1945 wiedererrichtet oder neu gebaut worden – so viele wie in keiner anderen Epoche der Schweinfurter Geschichte: Am nördlichen Rand der Altstadt schuf der Würzburger Dombaumeister Hans Schädel 1950/52 die von franziskanischer Schlichtheit geprägte Pfarrkirche St. Anton. Die 1953 geweihte Pfarrkirche St. Kilian gilt als Schädels »stilsicherster und zukunftsweisender Bau innerhalb seiner frühen Arbeiten«. Für den Chor schuf Georg Meistermann (Köln) ein bedeutendes Glasfenster, in dem das »Wesen und Wirken des Heiligen Geistes« in abstrakten Formen dargestellt wird. St. Josef in Oberndorf, 1953/54 von Fritz Lill (Würzburg/Köln) erbaut, verleihen die Gemälde von Franz

Nagel (München) überregionale Bedeutung. Von Olaf Andreas Gulbransson wurde 1959 am Bergl der markante Zentralbau der Auferstehungskirche errichtet. Sie ist eine der wichtigsten evangelischen Kirchen nach 1945.

Selbst unter den Erschwernissen des Wiederaufbaus bestand auch bei Profanbauten stets das Bedürfnis nach künstlerischem Schmuck. Dabei fällt die große Zahl von Sgrafitti auf. Als ein Beispiel sei Günther Zirkelbachs Allegorie von »Tag und Nacht« von 1960 am Haus Theresienstraße 39 angeführt.

Für den Industriebau von Schweinfurt steht unter anderem Erich Schelling (Karlsruhe), der 1949 zum »Hausarchitekten« des Wälzlagerherstellers Kugelfischer geworden ist. Unter anderem soll sein imposant geschwungener Treppenaufgang über ovalförmigem Grundriss im Verwaltungsbau genannt werden. Ausdruck neuen Bauens war außerdem das 1962 von August Kubitza (Kettwig-Ruhr) vollendete SKF-Bürohochhaus mit seinem nächtens aus 117 blau beleuchteten Fenstern strahlenden Logo.

Das 1954 konsequent aus den Ideen des Bauhaus als Rasterarchitektur entwickelte neue Rathaus von Fred Angerer ist dem Altbau aus dem 16. Jh. geschickt an die Seite gestellt. Der gleiche Architekt baute 1955/1957 als zweigeschossigen Atriumbau das Olympia-Morata-Gymnasium. 1955/58 entstand die Auenschule als Stahlskelettbau nach Entwürfen von Hans Anton Meyer (Nürnberg). Für die Albert-Schweitzer-Schule im Stadtteil Bergl schuf Gustl G. Kirchner 1957/59 ein Betonrelief mit afrikanischen Tieren. Die Krönung der Schulstadt Schweinfurt bildete das 1959/63 erbaute Balthasar-Neumann-Polytechnikum Würzburg-Schweinfurt, heute Hochschule für Angewandte Wissenschaften, von Fred Angerer und Nikolaus Woita. Als auszeichnendes Element erhielt es ein Dach in Form eines hyperbolischen Paraboloids.

Zwischen 1961 und 1966 entstand das Theater der Stadt. Erich Schelling entwickelte einen auf wenige kubische Formen konzentrierten, skulptural angelegten Baukörper. Zu seiner Bedeutung trägt das Wandbild von Karl Fred Dahmen (München) im oberen Foyer, ein Hauptwerk des deutschen Informel, erheblich bei.

Das nach Plänen von Erich Schelling zwischen 1961 und 1966 erbaute Theater der Stadt markiert einen Höhepunkt in der Nachkriegsarchitektur von Schweinfurt.

Zunehmend wurde im öffentlichen Raum Kunst aufgestellt. Von Norbert Kleinlein stammt der Brunnen von 1987 auf dem Marktplatz des Stadtteils Deutschhof. Im Bereich der neuen Polizeidirektion ist die Bronzeplastik »Große Flora V« von Fritz Koenig (Landshut) von 1977/84 zu nennen. Vor dem Leopoldina-Krankenhaus steht das konkrete Sandsteinobjekt von Hans Steinbrenner (Frankfurt) von 1981. Den Zugang dort schmückt eine von Waldemar Kuhn (Königsberg) im Jahr 1982 geschaffene Brunnenanlage. 1992 wurde im Zürch die »Raupe« von Joachim Koch (Kleinrinderfeld) aufgestellt. Eine vom Volksmund »Frankenstein« getaufte Skulptur, von Alfred Görig (München und New York) 1995/96 geschaffen, hat im Marienstift ihren Platz gefunden. Steff Bauer hat 2001 unter die Gäste eines Café am Martin-Luther-Platz die Steinskulptur einer jungen Frau – »Susanne« – mit ihrem Hund »Hans« gemischt.

Die Gesellschaft Harmonie stiftete in den letzten Jahrzehnten zahlreiche Kunstwerke: Neben dem »Marktbrünnle« von Heinrich Söller und Peter Vollert von 1983 ist das 1998 für die Brückenstraße von Albert Ultsch (Bamberg) geschaffene Denkmal der »Olympia Morata« zu nennen. Zuletzt wurde von der Harmonie im Jahr 2012 vor dem Theater ein Wälzlagerdenkmal errichtet.

DAS MUSEUM GEORG SCHÄFER

Vor allem seit 1951 hatte der Unternehmer Dr. Ing. E. h. Georg Schäfer (1896–1975) eine einzigartige Sammlung deutscher Malerei aufgebaut. Er »konzentrierte sich auf die deutsche Kunst – vor allem des 19. Jhs. – zu einer Zeit, da der Kunstmarkt und die kunsthistorische Forschung diesen Bereich kaum zur Kenntnis nahmen. So gelang es ihm, eine einmalige Sammlung zusammenzutragen, die zur Neubewertung dieser Kunst seit den 1970er-Jahren maßgeblich beitrug.«* Zu den etwa 900 Gemälden dieses Museums kommen mehr als 4000 Gouachen, Aquarelle und Zeichnungen deutscher Künstler des 19. Jhs. Im Museum Georg Schäfer sind Hauptwerke deutscher Malerei des 19. und frühen 20. Jhs. – zum Beispiel von Menzel über Spitzweg bis Waldmüller – zu sehen.

Die Errichtung des Museums in den Jahren 1998–2000 hat eine über Jahrzehnte währende Vorgeschichte. Unausgeführte Entwürfe dazu stammen von Erich Schelling, Ludwig Mies van der Rohe und Alexander Freiherr von Branca. Aus einem 1996 europaweit ausgelobten Architektenwettbewerb ging Volker Staab als Sieger hervor. Zweieinhalb Jahre nach Baubeginn konnte das Museum am 22. September 2000 eröffnet werden. Seine Realisierung ist der mäzenatischen Bereitschaft der Erben Georg Schäfers, den Kern der Sammlung in eine öffentlich rechtliche Stiftung zu überführen, und der Finanzierung aus Mitteln der Privatisierungserlöse des Freistaats Bayern in Höhe von 28 Millionen DM zu verdanken, der Eigentümer des Gebäudes ist. Trägerin des Museums ist die Stadt Schweinfurt, unterstützt durch regelmäßige Beiträge der Sammlung-Dr.-Georg-Schäfer-Stiftung.

** Zitiert nach Museum Georg Schäfer, Allgemeine Presseinformation, Stand: 09/2013.*

Dem Engagement des Kunstvereins ist neben vielen weiteren Schenkungen für die Kunsthalle vor allem im Jahr 1998 die Großplastik »Anker« von Brigitte und Martin Matschinsky-Denninghoff auf der Maininsel zu danken.

Schweinfurt ist in den vergangenen Jahrzehnten zu einer Stadt von »Industrie und Kunst« geworden. Dafür stehen ins-

Das im Jahr 2000 eröffnete Museum Georg Schäfer und das zwischen 2004 und 2006 gebaute Ensemble von Hauptzollamt und Stadtbücherei im Ebracher Hof stehen für das moderne Schweinfurt.

besondere zwei Unternehmer: Dr. Otto Schäfer hat ein Museum zur Geschichte des Buchdrucks, der Grafik und des Kunsthandwerks geschaffen. Neben vielen anderen Werken findet sich dort das druckgrafische Werk von Albrecht Dürer nahezu vollständig. Der Name von Dr. Georg Schäfer steht für die bedeutendste Privatsammlung deutscher Malerei des 19. Jhs. (s. Kasten S. 136).

Auf Pläne des Büros Bruno, Fioretti, Marquez (Berlin) geht der Umbau des Ebracher Hofes zwischen 2004 und 2006 in eine moderne Stadtbücherei zurück. Mit dem vom gleichen Büro entworfenen Hauptzollamt von 2006 und dem Museum Georg Schäfer bildet diese Gebäudegruppe einen markanten südlichen Stadteingang, der für das Schweinfurt des 21. Jhs. steht.

Das von Ernst Sachs gestiftete und nach Plänen von Roderich Fick 1931 bis 1933 erbaute Hallenbad dient seit 2009 als Kunsthalle. Der von Hartwig N. Schneider (Stuttgart) geplante Umbau wurde vom Architekturbüro Ropertz & Partner (Schweinfurt) vollendet. In zwei Geschossen präsentieren sich die Sammlungen der Stadt zur deutschen Kunst nach 1945 und die Sammlung Joseph Hierling mit Werken des Expressiven Realismus. Im Gebäude hat auch der Kunstverein sein Domizil.

Das von Ernst Sachs den Bürgern von Schweinfurt 1933 geschenkte Hallenbad beherbergt seit 2009 die Kunsthalle der Stadt. – Aufnahme vor 1945.

Das Umfeld der Kunsthalle formen einige Großskulpturen: Als Leihgabe der von Otto G. Schäfer initiierten Kulturstiftung erhebt sich seit dem Jahr 2009 die Installation »Book of Lost Letters« von Stefan Schwerdtfeger (Hannover). Zwei von Stadt und Kunstverein erworbene Skulpturen aus Cortenstahl von Herbert Mehler (Riedenheim) ziehen auf einer Grünfläche ebenfalls die Blicke an. Bereits seit 1977 schmückt das »Stadtkreuz« von Waldemar Kuhn die Fassade des Maria-Theresia-Heims an der Rüfferstraße.

Nach dem Ende des Wachstums

Krise und Boom IV: Industriegeschichte 1980–2014

Bereits Anfang der 1980er-Jahre hatte die Region Schweinfurt eine der höchsten Arbeitslosenquoten in der alten Bundesrepublik (1983: 12 %). Traditionsreiche Mittelständler wie Fenster Vogel (1981) und Husqvarna-Meister (1983) mussten aufgeben. Am deutlichsten sank die Beschäftigtenzahl bei SKF, wo der Top-Manager Kajo Neukirchen ab 1981 erstmals als knallharter Sanierer in Erscheinung trat. Als er Schweinfurt 1987 verließ, verzeichnete die Firma weniger Beschäftigte am Standort (6000), aber höhere Gewinne. FAG Kugelfischer hingegen verzichtete auf externe Manager und blieb mit 11 000 Mitarbeitern der mit Abstand größte Arbeitgeber in Schweinfurt, obwohl die Auslastung der Maschinen öfters zu wünschen übrig ließ. »Kufi, das war wie öffentlicher Dienst«, erinnert sich ein Mitarbeiter. Die Umsatzrendite des 1983 in eine Kommanditgesellschaft auf Aktien umgewandelten Unternehmens lag nicht selten unter 3 %. Bei F & S übernahm Mannesmann 1987 die Aktienmehrheit, Gunter Sachs und die Erben seines Bruders Ernst Wilhelm verkauften ihre letzten Anteile.

Um dem Arbeitsplatzabbau entgegenzuwirken, kämpfte die IG-Metall für die 35-Stunden-Woche bei vollem Lohnausgleich. Die seit Beginn der 70er-Jahre immer deutlicher spürbaren konjunkturellen Schwankungen mündeten 1992/93 in eine weltweite Absatzkrise. Unter diesen Umständen rissen Fehlentscheidungen des FAG-Managements das seit Jahren ertragsschwache Unternehmen in eine existenzbedrohende Krise. Das bereits 1990 in der Euphorie der Wendezeit gestartete Engagement bei der ostdeutschen DKFL wurde zum 420-Millionen-DM-Grab. Zum Jahreswechsel 1992/93 war FAG mit 2,2 Milliarden DM verschuldet, es drohte die Zahlungsunfähigkeit. Die Banken verlangten ein Umstrukturierungskonzept, das der aus seiner SKF-Zeit bestens bekannte

Über 10 000 Menschen demonstrierten im Februar 1993 auf dem Schweinfurter Marktplatz für den Erhalt der Arbeitsplätze bei FAG Kugelfischer.

Kajo Neukirchen in kürzester Zeit umsetzte. Der FAG-Konzern wurde zerschlagen. Statt Diversifizierung hieß das Zauberwort nun Fokussierung auf das Kerngeschäft. Verkäufe sicherten die Liquidität des Unternehmens, Umsatz und Mitarbeiterzahl halbierten sich. Die Familie Schäfer verlor die Aktienmehrheit und schied aus der Geschäftsführung aus.

Mit der konjunkturellen Flaute und den hausgemachten Problemen bei Kugelfischer ging eine Rationalisierungswelle einher. Immer mehr menschliche Arbeitskraft wurde durch computergesteuerte Maschinen ersetzt. Dieser »Dreiklang« führte innerhalb weniger Jahre zum Verlust von 10 000 Arbeitsplätzen und machte die Stadt zur westdeutschen Krisenregion. Um bundesweit auf die Lage in Schweinfurt aufmerksam zu machen und Hilfen einzufordern, gingen Tausende auf die Straßen. 39 Metaller marschierten in acht Tagen nach Bonn, wo sie im Bundeskanzleramt eine Petition übergaben. Die Arbeitslosenquote stieg auf 17 %. Trotz des Kahlschlags kam es nicht zu sozialen Unruhen. Die Jungen orientierten sich beruflich neu oder zogen weg. Mit Abfindungen und großzügigen Regelungen bei der Auszahlung des Arbeitslosengeldes wurden soziale Härten bei den über 50-Jährigen abgefedert.

Die allgemeine Auftragslage besserte sich in den nächsten Jahren rasch wieder. Verlagerungen nach Osteuropa und Asien aber sorgten für weitere Unruhe. 1996/97 trennte sich die nunmehrige Mannesmann Sachs AG von zwei Sparten, die das Unternehmen einst groß gemacht hatten, jetzt aber nur noch eine Nebenrolle spielten: Der Motorenbau wurde eingestellt und die Nabenproduktion an die amerikanische Firma SRAM verkauft, die im Maintal eine neue Produktionsstätte errichtete. Als der Mobilfunkanbieter Vodafone 1999 den Sachs-Mutterkonzern Mannesmann übernahm, stand das Schweinfurter Unternehmen zum Verkauf; es drohte die Zerschlagung. In einer Phase des Übergangs konnte die Sachs-Führung kräftig in den Standort investieren und das Unternehmen zukunftsfähig machen. Damit wurde Sachs attraktiv für den neuen Eigentümer ZF Friedrichshafen, der 2001 das Ruder übernahm und damit zum drittgrößten deutschen Automobilzulieferer aufstieg.

Im selben Jahr geriet auch FAG (Weltmarktanteil 8 %, SKF 16 %) wieder in die Schlagzeilen: In einer handstreichartigen Übernahme sicherte sich das von der Familie Schäffler geführte Herzogenauracher Wälzlagerunternehmen INA Ende September 2001 die Mehrheit bei dem bis dato deutlich größeren Konkurrenten. Ein Jahr nach der Übernahme wurde das Schweinfurter Unternehmen von der Börse genommen und in den Schäffler-Konzern integriert, der damit zum zweitgrößten Wälzlagerhersteller der Welt hinter SKF aufstieg. Nach 123 Jahren endete 2006 die Existenz des Traditionsunternehmens FAG Kugelfischer. Der neue Eigentümer entwickelte den Standort erfolgreich weiter. Die Umsatzrendite lag meist über 10 %.

Um 1990 ersetzten vollautomatische Produktionsketten immer mehr menschliche Arbeitskraft; hier in der Kegelrollenlagerfertigung im SKF-Werk III.

Das neue Jahrtausend sah alle drei Großunternehmen mit steigenden Gewinnen und Mitarbeiterzahlen. Auch andere Firmen entwickelten sich positiv. Die von Bosch-Rexroth übernommene Deutsche Star wuchs in Schweinfurt auf über 2000 Mitarbeiter. Das 1979 eröffnete Fresenius-Werk, spezialisiert auf Dialysegeräte, beschäftigte 1100 Menschen. Auf der Negativseite stand die Verlagerung der Kufi-Ausgründung IBB nach Osteuropa und der schrittweise erfolgende Personalabbau bei SRAM. Wie gut die Entwicklung insgesamt dennoch verlief, dokumentierte 2007 eine Studie des renommierten Prognos-Instituts, das dem Standort Schweinfurt das stärkste Wirtschaftswachstum aller 439 kreisfreien Städte und Landkreise der Bundesrepublik bescheinigte.

Das von den Gewerkschaften heftig kritisierte Instrument der Leiharbeit, das die befristete Einstellung von Mitarbeitern bei einer Entlohnung deutlich unter IG-Metall-Tarif erlaubte, nutzten die Unternehmen in erheblichem Umfang. Nach einem dramatischen Nachfrageeinbruch und flächendeckender Kurzarbeit im Jahr 2009 näherte sich das Produktionsniveau im folgenden Jahr auch dank massiver staatlicher Konjunkturspritzen wieder dem der Vorjahre an. In Asien boomten die Absatzzahlen. Kurz darauf sorgten bei SKF, Schäffler und Bosch-Rexroth Verlagerungen in Billiglohnländer erneut für Unruhe.

Bei ZF Sachs hingegen sah man sich weniger kurzfristigen Gewinnerwartungen seitens des Eigentümers, der ZF-Stiftung, ausgesetzt. Dennoch erfolgte die vollständige Integration in die ZF-Strukturen. Nach 116 Jahren endete 2011 die Eigenständigkeit von ZF Sachs; ähnlich wie »FAG« bleibt die Marke »Sachs« erhalten. Die Entscheidungen in den Unternehmen fallen heute in Friedrichshafen, Herzogenaurach und Göteborg. Mit 9100 Mitarbeitern bei ZF, 6000 bei Schäffler und 4000 bei SKF ist die Beschäftigtenzahl bei den »Großen Drei« in Schweinfurt seit 1970 (31 000) um mehr als ein Drittel gesunken; gleichwohl ist die Stadt auch im Jahr 2014 ein bedeutender Industriestandort. Eine Deindustrialisierung wie in Ostdeutschland, im Ruhrgebiet oder Nordostbayern ist Schweinfurt bisher erspart geblieben.

Die Grieser-Jahre (1992–2010)

Nachdem ihm seine Partei die Unterstützung entzog, verzichtete Kurt Petzold 1992 auf eine erneute Kandidatur. Der folgende Wahlsieg Gudrun Griesers (CSU, geb. 1947) bedeutete für die Stadt politisch eine Zeitenwende. Die jahrzehntelange Vorherrschaft der SPD ging zu Ende. Deren absolute Mehrheit im Stadtrat war offenbar auch das persönliche Verdienst von Georg Wichtermann und Kurt Petzold gewesen, denn bei Bundestagswahlen hatte die CSU schon in den 50er- und 80er-Jahren mehrfach die meisten Stimmen im »roten« Schweinfurt erhalten. Seit der Kommunalwahl 1996 konnte sich die CSU, unterstützt von bürgerlichen Wählergruppen, eine Mehrheit im Stadtrat sichern. An der Spitze der Stadtverwaltung verloren fast alle »roten« Referenten ihre Posten.

Das Glück, das die Schweinfurter mit ihren Oberbürgermeistern hatten, fand mit der Gymnasiallehrerin Grieser eine Fortsetzung. Diese sah sich 1992 bei ihrem Amtsantritt aufgrund der Krise der Großindustrie mit schwierigsten Startbedingungen konfrontiert, konnte jedoch auf großzügige Unterstützung der CSU-Staatsregierung bauen. Die Prognosen vom »Armenhaus Schweinfurt« erfüllten sich nicht. Anfangs wirkte Griesers Optimismus für manchen anstrengend, doch konnte sie erfolgreich Fördermittel von Land, Bund und EU nach Schweinfurt lenken. Das südlich der A 70 gelegene Gewerbegebiet »Maintal« sicherte ab 1998 alte und schuf neue Arbeitsplätze in Handel und Gewerbe. Die Teilverlagerungen des Landesamts für Statistik und des Landessozialgerichts brachten gut 300 krisensichere Arbeitsplätze. Die Finanzlage der Stadt besserte sich seit Mitte der 1990er-Jahre. 2005 bis 2008 spülte die boomende Industrie Gewerbesteuereinnahmen in Rekordhöhe in die Stadtkasse. Der seit den 80er-Jahren angewachsene Investitionsstau konnte schrittweise verringert und der Schuldenstand gleichzeitig fast auf null reduziert werden.

Das erste Jahrzehnt des neuen Jahrtausends wurde in vielen Bereichen zu einer Zeit der Ernte: Lange gehegte Visionen wurden Wirklichkeit. Mit dem Museum Georg Schäfer (2000), dem Konferenzzentrum Maininsel (2002), dem Umbau des Ebracher Hofes zur Stadtbücherei (2007) und des Ernst-Sachs-Bades zur Kunsthalle (2009), dem Neubau der VHS (2009) sowie dem Gesundheitspark (ab 2009) wurden wegweisende Projekte für eine positive Stadtentwicklung realisiert.

Als wirtschaftliches Oberzentrum bindet Schweinfurt weiterhin einen Großteil der Kaufkraft seines Umlandes, die, vergleichbar anderen bayerischen Mittelstädten, fast doppelt so hoch ist wie der bundesdeutsche Durchschnitt. Dies machte die Stadt interessant für Betreiber der um die Jahrtausendwende allerorten aus dem Boden sprießenden Shoppingmalls. Nach kontroverser Diskussion und einem knapp gewonnenen Bürgerentscheid eröffnete 2009 die außerhalb des bisherigen

Stadtzentrums auf dem Gelände des früheren SKF-Werkes 1 errichtete »Stadtgalerie«, die mit ihren rund 100 Läden den innerstädtischen Handel unter gewaltigen Veränderungsdruck setzte, die überörtliche Anziehungskraft der Einkaufsstadt jedoch ohne Zweifel stärkte.

Dem Leopoldina-Krankenhaus und den Stadtwerken gab Grieser durch Umwandlung in eine GmbH größeren unternehmerischen Freiraum für ein erfolgreiches Wirtschaften, ohne auf die Gestaltungshoheit der Kommune zu verzichten. Über den Privatisierungswahn der 1990er-Jahre hinweg bekannte man sich zur Wohnungspolitik als wichtiger kommunaler Aufgabe. Neben der Fusion von Städtischer und Kreissparkasse (2007) nimmt der Zusammenschluss von »Wiederaufbau GmbH« und »Gemeinnütziger Wohnungsbaugesellschaft« zur jetzigen »Stadt- und Wohnbau GmbH« (2006) unter den vielen wegweisenden Entscheidungen der Ära Grieser einen herausragenden Platz ein. Man behielt damit ein Instrument der Stadtentwicklung in eigenen Händen und sicherte die sozialverträgliche Wohnraumversorgung seiner Bürger.

Auf dem Gebiet der Altstadtsanierung ist in den vergangenen Jahrzehnten viel erreicht worden, z. B. die Grünverbindung vom Obertor zur Mainlände, doch bleibt noch einiges zu tun. Dem Gründerzeitviertel und Alt-Oberndorf wünscht man eine Renaissance. In manchen Seitengassen der Innenstadt irritieren heruntergekommene Häuser und auch 70 Jahre nach Kriegsende noch bestehende Baulücken den Besucher.

Ab 2004 sorgten bundespolitische Entscheidungen für weitere einschneidende Veränderungen im politischen Gefüge der Stadt. Die von der Schröder-SPD beschlossenen Einschränkungen im Sozialsystem erschütterten auch in Schweinfurt bei vielen Mitgliedern das Vertrauen in die Partei. Der Großteil der örtlichen Gewerkschaftsfunktionäre wechselte zur neuformierten Linkspartei. Bei Wahlen erreichte die hiesige »Linke« in der Folge beständig um die 10 % der Stimmen. Für Westdeutschland bedeutete dies einen Spitzenwert, doch ist das Wählerpotenzial damit offenkundig erschöpft. Bei den Wahlen 2008, 2010 und 2014 konnte die CSU unter Verweis auf zahlreiche Erfolge ihre lokale Vormachtstellung

Die Silhouette der Schweinfurter Industrie im Jahr 2014: Zu Beginn des 20. Jhs. entstanden weitläufige Fabrikanlagen beiderseits des Hauptbahnhofs (Bildmitte); von den einstmals zahllosen Fabrikschornsteinen blieben

problemlos behaupten. Die zementierte Spaltung des linken Lagers dürfte dazu keinen unwesentlichen Beitrag geleistet haben.

Schon gegen Ende der Amtszeit Griesers (2010) sah sich Schweinfurt mit den immer deutlicher werdenden Folgen des demografischen Wandels konfrontiert. Dieser allgemeine Trend wird durch die langfristigen Konsequenzen des Abbaus von 10 000 Industriearbeitsplätzen Anfang der 90er-Jahre noch verstärkt. Die Überalterung ihrer Mitglieder ist für viele Vereine und Verbände inzwischen ein Problem. Aus unterschiedlichen Gründen lösten sich Traditionsvereine wie der VfR 07, der TC Weiß-Blau und die Oberndorfer Schützen auf. Die Katholiken bildeten Pfarreiengemeinschaften und denken angesichts gesunkener Besucherzahlen über den Rückbau von Gotteshäusern nach. Der vollständige Abzug der amerikanischen Streitkräfte bis Herbst 2014 lässt eine Umkehr der leicht rückläufigen Bevölkerungsentwicklung (52 000 Einwohner) in den nächsten Jahren kaum erwarten – doch kann die Stadt die daraus resultierenden Probleme dank der Leistungsfähigkeit ihrer

lediglich zwei von Sachs und Kugelfischer erhalten. Links das SKF-Werk II, in der Mitte ZF Friedrichshafen (früher Fichtel & Sachs), in der rechten Bildhälfte das Schäffler-Werk Schweinfurt (früher FAG Kugelfischer).

Industrie aus einer Position der finanziellen Stärke heraus angehen. Eine großzügige Erweiterung der Fachhochschule auf dem ehemaligen Kasernengelände soll junge Menschen nach Schweinfurt holen.

Die Kugellagerstadt

Der Freistaat Bayern, heißt es oft, sei bis in die 1950er-Jahre hinein Agrarland gewesen. Bei genauerem Hinsehen offenbart sich ein differenziertes Bild: Mit Nürnberg/Fürth, Augsburg und der Region Hof besaß Bayern bereits in den 1860er-Jahren Industriezentren, die sich deutlich von den agrarisch geprägten ländlichen Räumen abhoben. In Schweinfurt setzte die Hochindustrialisierung erst eine Generation später, um 1890, ein. Der »Nachzügler« wuchs dann aber umso schneller. Beide Weltkriege beschleunigten das Wachstum der Stadt; gegen Kriegsende beschäftigten die Fabriken jeweils mehr Menschen als zu Beginn. Die Zerstörungen 1943/45 brachten großes

Die Innenstadt zwischen Marienbach (r. o.) und Roßmarkt (l.) im Jahr 2006: In die historische Stadtstruktur haben sich drei moderne Blöcke eingegraben: der Friedrich-Rückert-Bau links neben der Johanniskirche, das Neue Rathaus am südlichen Ende des Marktplatzes und daneben das Museum Georg Schäfer. Die Bahnlinie und der Stadtring trennen die Stadt vom Main.

menschliches Leid, konnten den 1890 begonnenen und bis Anfang der 1980er-Jahre andauernden Wachstumsprozess aber nicht nachhaltig beeinträchtigen. Die Krisenjahre um 1900, um 1930 und am Ende des Zweiten Weltkriegs erweisen sich unter diesem Blickwinkel als Atempausen vor dem Beginn darauffolgender Boomphasen. Anders verlief der vierte Konjunkturzyklus. Der auf die Krise von 1992/93 folgende Aufschwung konnte den Abbau von 10 000 Industriearbeitsplätzen nicht ansatzweise kompensieren. Computergesteuerte Maschinen hatten menschliche Arbeitskraft ersetzt und die Arbeitsproduktivität erhöht. Teile der Produktion waren in Billiglohnländer verlagert worden. Nach der Jahrtausendwende waren die Gewinne weniger Großbetriebe jedoch so hoch, dass Gewerbesteuereinnahmen in Rekordhöhe es der Stadt ermöglichten, ihre Schulden fast ganz zu tilgen, Rücklagen zu bilden und gleichzeitig viele Investitionen zu tätigen. Dem von der Politik beschworenen Strukturwandel zum Trotz hängt das Wohl und Wehe der Stadt deshalb nach wie vor von der Großindustrie ab.

Branchenübergreifend liegt die Zahl der sozialversicherungspflichtigen Arbeitsplätze heute mit 52 000 um 10 000 über der des Jahres 1997. Die Arbeitslosenquote sank von 17 % auf 6 %. Doch ist der Anteil der Beschäftigten im produzierenden Gewerbe unter 50 % gefallen. Was von den einen als Überwindung der Monostruktur gefeiert wird, erweist sich bei näherem Hinsehen als ambivalente Entwicklung, denn der Masse der Industriearbeiter ist es dank IG-Metall-Tarif nach wie vor möglich, von ihrem Gehalt eine Familie zu ernähren; für den Dienstleistungssektor gilt dies nicht in gleicher Weise.

Die bis heute wohl wichtigste Weichenstellung war die Fusion der deutschen Wälzlagerfirmen 1929, der sich nur Kugelfischer entzog. Der damit einhergehende Konzentrationsprozess erst machte Schweinfurt zur Wälzlagerhauptstadt. Es entstand das von SKF und FAG Kugelfischer geprägte deutsche Wälzlagerduopol. Sachs hingegen richtete seine Firma als Zulieferer von Motoren, Kupplungen und Stoßdämpfern neu aus. Die »Großen Drei« etablierten die mittelgroße Stadt am Main für Jahrzehnte als nach Nürnberg, München und Augsburg viertgrößten Industriestandort in Bayern.

Ab Mitte der 70er-Jahre wurde Schweinfurt von anderen Städten wie Erlangen (Siemens), Ingolstadt (Audi) und Dingolfing (BMW) überholt. Gleichwohl blieb es über die große Krise von 1992/93 und etliche Eigentümerwechsel hinweg ein bedeutender Wirtschaftsraum im Freistaat. ZF, Schäffler und SKF sind als Global Player mit innovativen Produkten auf dem Weltmarkt aktiv. Im deutschen Patentatlas nahm die Region auch 2006 einen Spitzenplatz ein. Die Unternehmen nutzten die Chancen der weltweiten Vernetzung, wie dies bereits ihre Vorgängerfirmen am Ausgang des 19. Jhs. getan hatten. Teilweise gehen heute bis zu 80 % der produzierten Güter ins

Ausland. Die gravierenden Folgen der den deutschen Wälzlagerfirmen nach dem Ersten Weltkrieg auferlegten Exportbeschränkungen lassen erahnen, welch hohe Bedeutung die Europäische Union und die mit ihr etablierte Freihandelszone für die gedeihliche Entwicklung der Industrie in den vergangenen 60 Jahren hatte.

Angesichts von 30 000 Industriearbeitsplätzen in den 1960ern verwundert es auf den ersten Blick, dass Schweinfurt nicht Großstadt mit über 100 000 Einwohnern wurde. Neben der Abwanderung in die Vororte in den 1970er- und 1980er-Jahren ist dafür maßgeblich schon das »verspätete« Wachstum um 1900 verantwortlich. Am Beginn des 20. Jhs. war das Eisenbahnnetz bereits so gut ausgebaut, dass »Arbeiterzüge« den Landbewohnern tägliche Fahrten in die Fabrik ermöglichten. Wer Grundbesitz hatte, blieb auch damals schon in bis zu 50 km entfernten Orten wohnen und pendelte mit der Bahn zum Arbeitsplatz (»Mondscheinbauern«). Heute kommen täglich 38 000 Berufspendler ganz überwiegend mit dem Auto. Seit über 100 Jahren ernährt Schweinfurt auf diese Weise die Region.

Nachdem Schweinfurt sich jahrzehntelang als »Stadt des Kugellagers und des Sports« präsentierte, wirbt man heute mit dem Slogan »Industrie und Kunst«. Das von den Begriffspaaren vermittelte Gefühl der Gleichrangigkeit jedoch trügt. Das Schweinfurt des 20. Jhs. war vorrangig eine »Stadt des Werktags«. Die Erfolge, von Unternehmern, Ingenieuren und Arbeitern waren unabdingbare Voraussetzung für die Blüte von Sport und Kunst. Die Förderung des Sports durch die Familie Sachs und die mäzenatischen Großtaten der Familie Schäfer im Bereich der Kunst fußten wesentlich auf dem mit Wälzlagern erwirtschafteten Reichtum. Da die Eigentümer der Firmen heute nicht mehr wie früher in Schweinfurt verwurzelt sind, kann die Stadt künftig kaum noch auf derartige Geschenke hoffen.

Auch wenn sich die Produktpalette im Einzelnen gewandelt hat, prägte das Kugellager die Entwicklung der Kommune im 20. Jh. entscheidend. Dieses für die Mobilität der modernen Gesellschaft unverzichtbare Bauteil ist zum Symbol geworden für die bisher erfolgreichste Epoche in der 1200-jährigen Stadtgeschichte. Vielfach nennt man Schweinfurt deshalb die »Kugellagerstadt«. Während Würzburg und Bamberg bis in die Gegenwart von ihren früheren Fürsten profitieren, verdankt die Industriestadt am Main ihren Aufstieg im 20. Jh. in erster Linie herausragenden Erfinder- und Unternehmerpersönlichkeiten wie Ernst Sachs, Friedrich Fischer, Wilhelm Höpflinger und Georg Schäfer (II). Dank deren Tatkraft konnte Schweinfurt seine reichsstädtische Vergangenheit – anders als etwa Rothenburg o. d. T. – weit hinter sich lassen. Die Erfolge der Gründerväter freilich mussten von den nachfolgenden Generationen unter gewandelten Bedingungen stets aufs Neue bestätigt werden. Wesentlich stärker als die Nachbarstädte ist Schweinfurt zudem – im Positiven wie im Negativen – von konjunkturellen Schwankungen abhängig. Im Bereich »Wirtschaftliche Dynamik« setzte ein Forschungsinstitut Schweinfurt im März 2007 auf Platz 1 in Deutschland. In der »Kugellagerstadt« weiß man, dass dies im Auf und Ab der Weltkonjunktur lediglich eine Momentaufnahme war.

Literatur

Auf daß der Mensch ein Mensch bleibt. Schweinfurter Gewerkschaften im Wandel der Zeit, hg. v. DGB Kreis Main-Rhön, Ebertshausen o. J. (ca. 1999)

Badel, Doris, Schweinfurt in der NS-Zeit. Studien zu den politischen und gesellschaftlichen Verhältnissen in den Jahren 1933–1939, Magisterarbeit Universität Würzburg, 1985

Bäumler, Ernst, Fortschritt und Sicherheit. Der Weg des Werkes F & S, München 1961

Bauer Franz J., Bürgerwege – Bürgerwelten. Familienbiographische Untersuchungen zum deutschen Bürgertum im 19. Jahrhundert (Schriftenreihe der Historischen Kommission bei der Bayerischen Akademie der Wissenschaften 43), 1991

Beck, Heinrich Christian, Chronik der Stadt Schweinfurt, 2 Bde., Schweinfurt 1836, 1841

Böhm, Wilhelm, Die Geiseln von Givet. Ein Finanz-Skandal in Alt-Schweinfurt, in: Schweinfurter Mainleite 1993/I, S. 3–19. – *Ders.*, Meine Jugend in Schweinfurt während des Dritten Reiches. Illusionen und Lektionen, Veröff. d. HistV Sw N. F. 5, Schweinfurt 1999. – *Ders.*, Schweinfurt soll so lange wie möglich gehalten werden. Die Eroberung der Stadt und des Landkreises Schweinfurt durch die US-Armee im April 1945, Veröff. d. HistV Sw N. F. 3, Schweinfurt 1996

Brandl, Andrea, Die gute alte Zeit? Streiflichter auf das Biedermeier. Schweinfurt zwischen 1815 und 1848 (Schweinfurter Museumsschriften 69/1996). – *Dies.* (Bearb.), Repertorium zur Wirtschaftsgeschichte von Schweinfurt im 19. Jahrhundert (Schweinfurter Museumsschriften 149), Schweinfurt 2007

Bundschuh, Johann, Kaspar, Beschreibung der Reichsstadt Schweinfurt – ein historisch-topographisch-statistischer Versuch, Ulm 1802 (Reprint: Neustadt a. d. Aisch 1989)

Chronik der Stadt Schweinfurt. Das XIX. Jahrhundert und die Jahre 1900–1925, Verlag des Schweinfurter Tagblatts, o. J. (ca. 1960)

Chevalley, Denis André, Denkmäler in Bayern, Bd. IV, Unterfranken: Ensembles, Baudenkmäler, Archäologische Geländedenkmäler, München 1985

Des Heiligen Römischen Reichs freyen Stadt Schweinfurt vornehmste Pflichten und Ordnungen, [Schweinfurt] 1720

Dirian, Hans-Wilhelm, Das Schweinfurter Stadtregiment während der Reichsstadtzeit, Schweinfurt 1954 (= Veröff. d. HistV u. d. StadtA Sw, Sonderreihe-Heft 1)

Dittmar, Claus, Die Einnehmerrechnungen der freien Reichsstadt Schweinfurt (1554–1802), Schweinfurt 1961 (= Veröff. d. HistV u. d. StadtA Sw, Sonderreihe-Heft 4)

Driesel, Hans (Hg.), Schweinfurt – vom Schwarzen Markt zum Wirtschaftswunder. Zeitzeugen erinnern sich, Schweinfurt o. J. (ca. 1995)

Ellner, Claude-Robert, Die Entwicklung der Firma Kugelfischer Georg Schäfer & Co unter besonderer Berücksichtigung der Kontinuität als Familienunternehmen und die regionalen Auswirkungen ihrer Entwicklung aus betriebs- und industriebezogener Sicht, Neue Würzburger Studien zur Soziologie 5, Würzburg 1988

Enderlein, Leonhard Friedrich, Ein Menschenalter in Schweinfurt. Aufzeichnungen zunaechst die Stadtgeschichte, spaeter die Zeitgeschichte überhaupt betr., bearb. v. Rudolf Kreutner, Veröff d. StadtA Sw 7, Schweinfurt 1992

Evang.-Luth. Pfarramt St. Johannis Schweinfurt (Hg.), »Hatten zum Wort Verlangen« – 450 Jahre Evangelische Kirche in Schweinfurt, Ausstellung …, Schweinfurt 1992 (= Schriften zum Reformationsjubiläum 1542–1992)

Faltlhauser, Kurt, Bauen für die Kunst. Ein Werkstattbericht aus der Ära Stoiber, Regensburg 2013

Finster, Sebastian, Die Sanierung von FAG Kugelfischer, Facharbeit Gaibach 1995/96

Fleischmann, Stefan, Die Situation von FAG Kugelfischer im Zeitraum 1993/94, Facharbeit Alexander-von-Humboldt-Gymnasium Schweinfurt, 1993/95

Fritz, Martin; Karlsson, Birgit, SKF – A global story 1907–2007, Göteborg 2007

Fuchs, Achim, Schweinfurt. Die Entwicklung einer fränkischen villula zur Reichsstadt, MainfrSt 2, 1972

Golücke, Friedhelm: Schweinfurt und der strategische Luftkrieg 1943. Der Angriff der US Air Force vom 14. Oktober 1943 gegen die Schweinfurter Kugellagerindustrie (Sammlung Schöningh zur Geschichte und Gegenwart), Paderborn 1980

Gutermann, Hubert, Alt-Schweinfurt in Bildern, Sitten, Sagen und Geschichten, Schweinfurt [10]1979

Handfest-Müller, Irene, »Es kommen auch wieder einmal andere Zeiten ...«. Leben in Trümmern – Schweinfurt 1939–1949. Schweinfurt 1994

Harburger, Theodor, Die Inventarisation jüdischer Kunst- und Kulturdenkmäler in Bayern. Herausgegeben von den Central Archives for the History of the Jewish People, Jerusalem und dem Jüdischen Museum Franken – Fürth und Schnaittach, 3. Bd., Fürth 1998

Hennig, Karl-Heinz, Zum Fressen gern. Die Schweinfurter Schlachtschüssel – Geschichte und Geschichten, Schweinfurter Museumsschriften 135, 2005

Hoppe, Karl Werner (Red.), Trümmerjahre in Schweinfurt 1943–1950, Materialien zur Stadtgeschichte Schweinfurts 4 Texte und Dokumente, hg. v. der VHS Schweinfurt, 1987

Horling, Thomas, Die »Kugellagerstadt«. Ein Überblick über 100 Jahre Schweinfurter Industrie- und Stadtgeschichte, in: Frankenland 2009/2, S. 98–109. – *Ders.*, Kartell und ausländisches Kapital. Die deutsche Wälzlagerindustrie in den Jahren 1925–32, in: JbfränkL 66 (2006), S. 521–562. – *Ders.*, Wilhelm Höpflinger (1853–1928). Erfinder-Ingenieur, in: Fränkische Lebensbilder 22, Neustadt/Aisch 2009, S. 279–299. – *Ders.*; *Müller, Uwe* (Hrsg.), Fürsten und Industrielle. Schloss Mainberg in acht Jahrhunderten (Veröff. D. HistV Sw N. F. Bd. 8/Mainfränkische Studien Bd. 80), Schweinfurt 2011.

Jandejsek, Michael, Eine halbe Brücke in Schweinfurt – die barocke Spitaltorbrücke wiederentdeckt, in: Schweinfurter Mainleite, 1/2012, S. 4–8

Kaatsch, Hans-Jürgen, Polizeigesetzgebung in Schweinfurt, MainfrSt 27, Würzburg 1982

Lindner, Walter, Artikelserie: Die Revolution 1918/19 in Schweinfurt, in: Schweinfurter Tagblatt vom 27. Februar 2001

Lösch, Edgar, Die Schweinfurter Altstadt. Geschichte – Zerstörung – Erneuerung. Dokumentation zur Altstadtsanierung, Schweinfurt 2001

Ludwig, Michael; Schneider, Erich, Zeitreise. Schweinfurt – von der Freien Reichsstadt zur Industriestadt. Materialien aus über 1200 Jahren Stadtgeschichte bis in die Anfänge der Industrialisierung, Schweinfurt 1985

Lupprian, Herbert (Bearb.), Schweinfurt am Main. Visionen werden Wirklichkeit. 40 Jahre Städtebauförderung, hrsg. durch das Baureferat der Stadt Schweinfurt, Schweinfurt 2013

Mader, Felix; LILL, Georg (Bearb.), Die Kunstdenkmäler von Unterfranken & Aschaffenburg, Heft XVII Stadt und Bezirksamt Schweinfurt, München 1917

Manegold, Karl-Heinz, Tradition im Wandel. Die Entwicklung der Firma FAG Kugelfischer Georg Schäfer Kommanditgesellschaft auf Aktien, in: 100 Jahre industrielle Kugelfertigung 1883–1983, Schweinfurt 1983, S. 1–28

Mahr, Michael, Bildungs- und Sozialstruktur der Reichsstadt Schweinfurt, MainfrSt 20,1978

Müller, Uwe, »... und manche Leute hatten geweint.« – Schweinfurts Weg von der kaiserlich freien Reichsstadt zur königlich bayerischen Stadt zweiter Klasse, in: *Ders.* (Hg.), »... und manche Leute hatten geweint.« – Schweinfurt wird bayerisch. Ausstellung ..., Schweinfurt 1989 (= Veröff. d. StadtA Sw 3), S. 7–80. – *Ders.*, Der Arbeitseinsatz ausländischer Zivilarbeiter und Kriegsgefangener im Zweiten Weltkrieg in Schweinfurt. Zahlen aus dem Stadtarchiv Schweinfurt, in: Ernst Petersen (Hg.): Dem Menschen zugewandt. Ökumenisches und Geschichtliches nicht nur aus Schweinfurt. Zum 70. Geburtstag von Dekan i. R. Johannes Strauß, Schweinfurt 2001, S. 111–122. – *Ders.*, Der Stadt Schweinfurt Original-Privilegia und andere Briefe, Bücher, Rechnungen und dergleichen. Archivalien zur Stadtgeschichte des 14. bis 16. Jahrhunderts, Schweinfurt 2004 (= Veröff. d. StadtA Sw 19). – *Ders.*, Die Entwicklung der Stadt Schweinfurt im 19. und 20. Jahrhundert, in: Bezirk Unterfranken (Hg.); Markus Naser (Bearb.), Unterfranken in Bayern 1814–2014. Historischer Atlas zum 200-jährigen Jubiläum, Baunach 2014, S. 77f. – *Ders.*, Die freie Reichsstadt Schweinfurt, in: Peter *Kolb*; Ernst-Günter Krenig (Hg.), Unterfränkische Geschichte, Bd. 4/1: Vom Ende des Dreißigjährigen Krieges bis zur Eingliederung in das Königreich Bayern, Würzburg 1998, S. 217–264. – *Ders.*, Dokumente jüdischen Lebens in Schweinfurt. Ausstellung des Stadtarchivs Schweinfurt aus Anlaß des Gedenkens an den 50. Jahrestag des Judenpogroms vom November 1938, Veröff. d. StadtA Sw 4, 1990 (2. Auflage 2003). – *Ders.*, Friedrich Rückert und die »Fünf Mährlein«. Ein Exkurs, in: Neuer Korb voll Allerlei – Bücher für Kinder. Ein Gang durch sechs Jahrhunderte (= Veröff. d. StadtA Sw 23), Neustadt an der Aisch 2008, S. 115–123. – *Ders.*, Reichsstadt Schweinfurt, in: Historisches Lexikon Bayerns, 2010; http://www.historisches-lexikon-bayerns.de/artikel/artikel_45431. – *Ders.*, Reichsstadt Schweinfurt, in: Peter Kolb; Ernst-Günther Krenig (Hg.), Unterfränkische Geschichte, Bd. 2: Vom hohen Mittelalter bis zum Beginn des konfessionellen Zeitalters, Würzburg 1992, S. 169–194. – *Ders.*, Schweinfurt, in: Hans-Michael Körner; Alois Schmid (Hg.), Handbuch der historischen Stätten: Bayern II, Franken, Stuttgart 2006, S. 490–495. – *Ders.*, Schweinfurt im 19. Jahrhundert. Ausstellung des Stadtarchivs 8. Mai 1991–30. Juni 1991, Veröff. d. StadtA Sw 6, Schweinfurt 1991. – *Ders.* (Hg.), Schweinfurt im Luftkrieg 1943–1945. Schweinfurt in the air war 1943–1945, mit Beiträgen von Hans-Peter Baum und Daniela Kühnel, Veröff. d. StadtA Sw 27, Schweinfurt 2013. – *Ders.*, Schweinfurt in der Epoche des Konfessionalismus, in: Peter Kolg; Ernst-Günter Krenig (Hg.), Unterfränkische Geschichte, Bd. 3: Vom Beginn des konfessionellen Zeitalters bis zum Ende des Dreißigjährigen Krieges, Würzburg 1995, S. 483–516. – *Ders.*, Schweinfurt – von der kaiserlich freien Reichsstadt zur königlich bayerischen Stadt zweiter Klasse, in: Rainer A. *Müller*; Helmut Flachenecker; Rainer Kammerl (Hg.), Das Ende der kleinen Reichsstädte 1803 im süddeutschen Raum (= Zeitschr. für bayer. Landesgesch., Beihefte, Reihe B 27), München 2007, S. 139–163. – *Ders.*; *Handfest-Müller Irene*, Schweinfurt. Bewegte Zeiten – Die 50er Jahre, Gudensberg-Gleichen 2002. – *Ders.*; *Michael, Claudia*; *Bucher, Michael*; *Grad, Ute* (Bearb.), Die Bausch-Bibliothek in Schweinfurt – Katalog, Stuttgart 2004 (= Acta Historica Leopoldina 32). – *Ders.*; *Weber, Danny* (Hg.), Salutem et Felicitatem! Gründung und internationale Ausstrahlung der Leopoldina. Ausstellung zum 325. Jahrestag ihrer Privilegierung 1687 durch Kaiser Leopold I. und Edition aller kaiserlichen Urkunden von 1677 bis 1742, Halle (Saale) 2012 (= Acta Historica Leopoldina 61; Veröff. d. StadtA Sw 26).

»Nach dem Krieg war keiner Nazi gewesen …« Arbeiterbewegung in Schweinfurt zwischen 1928 und 1945, hg. vom DGB-Bildungswerk e. V. Kreis Schweinfurt, Schweinfurt 1984 (3. Aufl. 2001).

Olympia Fulvia Morata, Briefe; hg. von Rainer Kößling, Leipzig 1991

Petersen, Kathi, Benno Merkle. Oberbürgermeister von Schweinfurt 1920–1933 (Veröff. d. StadtASw 18), Schweinfurt 2003. – *Dies.*, Fritz Soldmann (1878–1945), Gewerkschafter, in: Fränkische Lebensbilder 23, 2012, Neustadt/Aisch 2012, S. 195–210

Peterson, Birgit: Die amerikanische Reparationspolitik in Deutschland 1945–1949 im Spannungsfeld der deutschlandpolitischen Zielsetzungen der vier Mächte, Diss. phil. Würzburg 1993

Petzold, Kurt, *Carl von Schultes* (1824–1897). Bürgermeister in Schweinfurt, in: erinnern. Bürgermeister Carl von Schultes (18.10.1824–20.11.1896) zum 100. Todestag. Ausstellungshefte des Stadtarchivs Schweinfurt Nr. 2, 1997. – *Ders.*, Die Ermordung der polnischen Zwangsarbeiterin Zofia Malczyk am 21. März 1945 und die juristische Aufarbeitung des Falles in den Jahren 1951 bis 1955, in: Initiative gegen das Vergessen – Zwangsarbeit in Schweinfurt e. V. (Hg.), Das kurze Leben der Zofia Malczyk, Ebertshausen 2007, S. 27–41

Ramming, Wolfgang; Bonengel, Werner; Wiener, Herbert, 100 Jahre Sozialdemokratische Partei in Schweinfurt, Schweinfurt 1989

Reitzenstein, Wolf-Arnim Frhr. v., Lexikon fränkischer Ortsnamen. Herkunft und Bedeutung. Oberfranken, Mittelfranken, Unterfranken, München 2009, S. 205f.

Renner, Jens, Schweinfurt in der Revolution von 1848/49, in: Müller, Uwe u.a. (Hg.), Aus vier Jahrhunderten Schweinfurter Geschichte. Festschrift Wilhelm Böhm, Veröff. d. HistV Sw N. F. 2, Schweinfurt 1994, S. 149–252

Rosenstock, Dirk, Frühgeschichte der Stadt Schweinfurt von 700 bis 1500 (= Schweinfurter Museumsschriften Heft 49/1992), 1992

Roth, Claudia, Parteikreis und Kreisleiter der NSDAP unter Besonderer Berücksichtigung Bayerns, SR z. bayer. Landesgeschichte 107, 1997

Rott, Wilfried, Sachs. Unternehmer – Playboys – Millionäre. Eine Geschichte von Vätern und Söhnen, 2005

Saffert, Erich, Die Reichsstadt Schweinfurt von 1554 bis 1615. Der Wiederaufbau nach dem Stadtverderben im Markgräflerkrieg, 3 Bde., Diss., Typoskript, 1951. – *Ders.*, Studien zur Schweinfurter Geschichte, Schweinfurt 1993

Sammlung der vornehmsten Pflichten und Ordnung Kayserl. und des Heil. Röm. Reichs freyen Stadt Schweinfurt, [Schweinfurt] 1780.

Schäfer, Hans-Peter, Die Entwicklung des Straßennetzes im Raum Schweinfurt bis zur Mitte des 19. Jahrhunderts, MainfrSt 13, Würzburg 1976. – *Ders.*, Die Entstehung des mainfränkischen Eisenbahnnetzes, MainfrSt 21, Würzburg1979

Schamberger Rolf (Bearb.), 75 Jahre Oberndorf – Schweinfurt. Bauern und Fabrikarbeiter, Schweinfurter Museumsschriften 62/1994. – *Ders.; Bucher, Michael; Weppert, Karlheinz* (Bearb.), Wie lange müssen wir noch in diesen Ängsten leben? Schweinfurt zwischen Zerstörung und Wiederaufbau: Lebenserinnerungen, Bilddokumente und Berichte, Schweinfurt 1995

Schneider, Erich, »[...] eine hübsche zimlich grosze kirch« – Zur Kunstgeschichte von Schweinfurt im Mittelalter, in: Erich Schneider und Bernd Schneidmüller (Hrsg.), Vor 1000 Jahren – Die Schweinfurter Fehde und die Landschaft am Obermain 1003. Referate des wissenschaftlichen Kolloquiums am 4. und 5. Juli 2003 in der Bibliothek Otto Schäfer in Schweinfurt, Schweinfurt 2004, S. 209–240. – *Ders.*, Das »Alte Gymnasium« und das »Gymnasium Academicum«. Schweinfurter Schulbauten des 16. und 17. Jahrhunderts, in: Festschrift »350 Jahre Celtis-Gymnasium Schweinfurt«, Schweinfurt 1984, S. 27–40. – *Ders.*, Evangelische Kirchen Schweinfurt, Großer Kunstführer Nr. 201, Regensburg 1997. – *Ders.*, Schweinfurt: Architektur – Kunst – Technik. Annäherung an eine Geschichte der Stadt vom Mittelalter bis zur Gegenwart in Sachzeugnissen und Denkmälern, Schweinfurt 2014 (im Druck). – *Ders.*, »Schweinfurt, eine schöne, industriöse und nahrhafte Stadt«. Ein Streifzug durch zwei Jahrhunderte Schweinfurter Industriegeschichte, in: Frankenland 3/2005, S. 182–192. – *Ders.*, Stilgeschichtliche Überlegungen zum Wiederaufbau Schweinfurts nach 1554, in: Rainer A. Müller (Hrsg.), Reichsstädte in Franken, Aufsätze 2, München 1987, S. 356–364. – *Ders.; Müller*, Uwe, Spurensuche. 1806–2006. 200 Jahre Pfarrei Heilig Geist. 200 Jahre Katholiken in Schweinfurt, Schweinfurt 2007. – *Ders.; Müller, Uwe; Brandl, Andrea*, 200 Jahre Schweinfurt in Bayern (Made in Schweinfurt V) – Ausstellung ..., Schweinfurt 2006 (= Veröff. d. StadtA Sw 21; Schweinfurter Museumsschriften 144/2006). – *Ders.; Schneidmüller, Bernd*, Vor 1000 Jahren – Die Schweinfurter Fehde und die Landschaft am Obermain. Schweinfurt 2004 (Schweinfurter Museumsschriften 118/2004)

Schoeffel, Simon, Die Kirchenhoheit der Reichsstadt Schweinfurt (Quellen u. Forschungen z. bayer. Kirchengeschichte 3), Leipzig 1918

Schwarzer, Oskar; *Schwarzer*, Doris, Schweinfurt – von der »fruchtbaren markung« zur Chancenregion. Eine Sozial-, Wirtschafts- und Sparkassengeschichte, Schweinfurt 2001

Schweinfurter Mainleite. Register der Jahrgänge 1987–2012, Schweinfurt 2013 (= Schweinfurter Mainleite, Sonderheft 2013)

Staatsarchiv Würzburg, Spruchkammer Schweinfurt Stadt, Nr. 464 (Wilhelm Fabri), Nr. 795 (Hans Helferich), Nr. 1012 (Georg Schäfer)

Stein, Friedrich (Hg.), Monumenta Suinfurtensia historica inde ab anno DCCXCI usque ad annum MDC. Denkmäler der Schweinfurter Geschichte bis zum Ende des sechzehnten Jahrhunderts, 1875. – *Ders.*, Geschichte der Reichsstadt Schweinfurt, 2 Bde., Schweinfurt 1900 und Friedrich Stein, Chronik der Stadt Schweinfurt im neunzehnten Jahrhundert, Schweinfurt 1901, Reprint Schweinfurt 1992

Strauß, Johannes; Petersen, Kathi (Hg.), Streiflichter auf die Kirchengeschichte Schweinfurts, Schweinfurt 1992 (= Schriften zum 450jährigen Jubiläum der Reformation in Schweinfurt)

Streiflichter eines Jahrhunderts Teil I: 1900–1945, Teil II: 1945–1999, hg. v. Schweinfurter Tagblatt, 1999

Ultsch, Paul, Damals in Schweinfurt 1: Als die Stadtmauer noch Begrenzung war, Schweinfurt [1982]. – *Ders.*, Damals in Schweinfurt 2: Entwicklung zur Industriestadt, Schweinfurt [1983]

Unsere Stadt Schweinfurt, Geschichte – Kultur – Landschaft – Bevölkerung – Wirtschaftsstruktur – Verwaltung und Finanzen – Kommunale Einrichtungen und Aufgaben, Buchreihe über die Landkreise und kreisfreien Städte in Bayern Bd. 121, München o. J. (ca. 1976)

Wunder, Gerd, Das Büchlein von Balthasar Rüffer, in: Mainfränkisches Jahrbuch für Geschichte und Kunst 39, Bd. 110, Würzburg 1987, S. 45–57

Zu den von Thomas Horling verfassten Kapiteln liegt im Lesesaal des Stadtarchivs Schweinfurt eine um Anmerkungen mit Quellennachweisen erweiterte Fassung zur Einsicht aus.

Schweinfurt in Kürze

Kreisfreie Stadt Schweinfurt
Bundesland Bayern
Regierungsbezirk Unterfranken
Fläche: 35,71 km²
Einwohner Stadt Schweinfurt: 52 098 (Stand Dezember 2012)
Einwohner Landkreis Schweinfurt: 112 857 (Stand Dezember 2012)

Offizielle Homepage der Kreisfreien Stadt Schweinfurt
www.schweinfurt.de
Kunsthalle Schweinfurt
www.kunsthalle-schweinfurt.de
Museum Georg Schäfer
www.museumgeorgschaefer.de
Stadtarchiv und -bibliothek Schweinfurt
www.stadtarchiv-schweinfurt.de
Museum Otto Schäfer
www.bibliothek-otto-schaefer.de
Private Homepage Peter Hofmann »Mein Schweinfurt«
www.schweinfurtfuehrer.de

Bildnachweis

Museen und Galerien der Stadt Schweinfurt: 78 (M-1220 alt)
picture alliance / ZB/euroluftbild.de: 148 (Fotograf: Gerhard Launer)
Schäffler AG, Firmenarchiv Kugelfischer, Schweinfurt: 82
Stadt Schweinfurt, Sanierungsstelle: 137 (Foto: Hochbild.de)
Stadtarchiv Schweinfurt (StadtASw): 10 (A B 82-1,1/2,3; aus: Heinrich Christian Beck, Chronik der Stadt Schweinfurt, Bd. 1, 1836), 13 (U 36, 1364 IV 26), 14 (A B 63; Beilage zu: Johann Kaspar Bundschuh, Beschreibung der Reichsstadt Schweinfurt, 1802), 19 (Bildslg., Hist. Fotoarchiv, Nr. 1), 21 (Bildslg., Uhlenhut, C11-F_AKI_104; Foto: Hans Uhlenhut), 22 (Bildslg., Rottenberger (Ringbücher), Kirchen u. Kapellen), 28 (A B 658), 34 (Bildslg., Druckgraphik, Nr. 483), 39 (6929), 41 (Bildslg., FS Sattler, Nr. 6, Foto: Karl Sattler), 45 (Bildslg., Gruppe 24), 52 (Bildslg., 1b, Foto: Hans Uhlenhuth), 54 (A B 500-[1]), 62 (Bildslg., Hist. Fotoarchiv, Nr. 470), 63 (Bildslg., Hist. Fotoarchiv, Nr. 31), 71 (Grundstein Bethalle, Nr. 6), 76/77 (Bildslg., PK 71), 80 (Bildslg., FS Sattler, Nr. 5, Foto: Karl Sattler), 85 (Bildslg., PK 919), 87 (Bildslg., Gruppe 17), 90 (Bildslg., Gruppe 5), 101 (Ansichtskarte; Fotograph Uhlenhuth, Slg. Edgar Kolb), 107 (Bildslg., Uhlenhuth, Negative, img.288), 103 (Bildslg., Gruppe 17 (-2), Foto: Hans Uhlenhuth), 110 (Bildslg., Kriegszerstörungen 15), 114 (Bildslg., Fotoarchiv Schweinfurter Tagblatt u. Volkszeitung 3796), 119 (Bildslg., Luftbilder, Bertram, Sc140_263; Foto: www.Bertram-Luftbild.de), 120 (Bildslg., Fotoarchiv Schweinfurter Tagblatt u. Volkszeitung 4120), 124 (Bildslg., Gruppe 5; Foto: AERO EXPRESS Luftbildvertrieb), 132 (Bildslg., PK 638), 133 (Bildslg., PK 896), 135 (Bildslg., Gruppe 12e, Foto: Hans Uhlenhut), 138 (Bildslg., Gruppe 25a), 140 (Bildslg., Fotoarchiv Schweinfurter Tagblatt u. Volkszeitung 3658), 142 (Bildslg., Fotoarchiv Schweinfurter Tagblatt u. Volkszeitung 5729)
Tourist-Information Schweinfurt 360°: Stadtplanausschnitt (Layout: EnssnerZeitgeist Communications Werbeagentur | www.enssnerzeitgeist.de)
Volker Martin: S. 146/147

Verlag und Autoren bedanken sich herzlich beim Stadtarchiv Schweinfurt für die großzügige Überlassung des Bildmaterials für diese Publikation.

Zeitleiste

spätes 7. Jh.	spätmerowingische Siedlung zwischen Marienbach- und Höllental
791	erste urkundliche Erwähnung des Namens »Schweinfurt«
10. Jh.	Errichtung der Stammburg der Mgfen. von Schweinfurt auf der Peterstirn
1003	Niederschlagung der Empörung des Mgf. Hezilo gegen Ks. Heinrich II. (Schweinfurter Fehde)
12. Jh.	Entstehung der Reichsstadt westlich der ursprünglich markgräflichen Siedlung
1234	Beamte des Reichs und eine Münze in Schweinfurt bezeugt
um 1250	Erstes Stadtverderben: Zerstörung der Reichsstadt im Prozess der mainfränkischen Territorienbildung
1263	Umwandlung des Mönchsklosters in der ehemaligen markgräflichen Burg in eine Kommende des Deutschen Ordens
1282	Stadt und Bürger urkundlich als politisch handelnde Subjekte bezeugt
1309/1354	Verpfändung der Reichsstadt an den Gf. von Henneberg und den Bf. von Würzburg
1361/86	Selbstauslösung der Stadt aus der Verpfändung, Verleihung königlicher Privilegien und Beitritt der Reichsstadt zum Schwäbischen Städtebund
1397	Königliche Privilegien zur Nutzung des Mains
1436	Erwerb des Dorfes Oberndorf
1437	Erwerb der Besitzungen des Deutschen Ordens einschließlich der Dörfer Zell und Weipoltshausen
1446/50	Erster Aufruhr der Bürgerschaft gegen den Rat (»Ratsverstörung«)
1513/14	Zweiter Aufruhr (»Aufruhr in der Gemeinde«) und Aufrichtung eines neuen Verfassungsstatuts
1542	Einführung der Reformation
1554	Zerstörung der Stadt im Zweiten Markgräfler Krieg: Zweites Stadtverderben
1554-1615	Wiederaufbau der Stadt
1570–72	Bau des Rathauses (Baumeister: Nikolaus Hofmann aus Halle a. d. Saale)
1581/82	Bau des Alten Gymnasiums
ab 1585	Zuzug von Glaubensflüchtlingen während der Gegenreformation
1589/91	Bau des Zeughauses
1609	Beitritt zur Protestantischen Union
1620	Erwerb des Dorfes Madenhausen
1625/50	Wiederholte Besetzung durch kaiserliche und schwedische Truppen im 30-jährigen Krieg
1652	Gründung der Academia Naturae Curiosorum (seit 2008: Deutsche Akademie der Naturforscher Leopoldina – Nationale Akademie der Wissenschaften)
1777	Produktion von Bleiweiß durch Johann Martin Schmidt
1796/1801	mehrfache Besetzung durch französische Truppen in den Revolutionskriegen
1802	Annexion durch Bayern im Zuge des Reichsdeputationshauptschlusses
1810/14	Zugehörigkeit zum Großherzogtum Würzburg
1814	Erneute und endgültige Zugehörigkeit zum Königreich Bayern; Beginn der Produktion des »Schweinfurter Grüns« durch Wilhelm Sattler
1827	Errichtung der ersten bayerischen Zuckerfabrik »Sattler, Engelhard & Cie«
1832/1880	Abbruch der Stadttore
1852	Anschluss ans Eisenbahnnetz
1874	Errichtung des neuen Zentralbahnhofes auf Oberndorfer Markung
1883	Erfindung der Kugelschleifmaschine durch Friedrich Fischer, Geburtsstunde der Schweinfurter Wälzlagerindustrie
1890	Gründung der Firma Fries & Höpflinger
1895	Gründung der Firma Fichtel & Sachs

1903	Erfindung der Torpedo-Freilaufnabe
1909	Übernahme der Firma Kugelfischer durch Georg Schäfer (I)
1919	Eingemeindung Oberndorfs
1929	Gründung der Vereinigten Kugellagerfabriken AG (VKF, seit 1953 SKF)
1933	»Machtergreifung« der Nationalsozialisten: Ende des demokratisch gewählten Stadtrates; Eröffnung des Ernst-Sachs-Bades
1936	Eröffnung des Willy-Sachs-Stadions
1943/45	Zerstörung durch über 20 Luftangriffe, Besetzung durch US-Truppen im April 1945
ab 1945	Wiederaufbau der Stadt und Planung der neuen Stadtteile Bergl (1951) und Steinberg/Hochfeld (1952)
1954	Grundsteinlegung des neuen Rathauses
1958	Eröffnung des Sommerbades
1962	Städtepartnerschaft mit Motherwell (Schottland); Einweihung des Friedrich-Rückert-Baues mit Volkshochschule, Stadtarchiv und -bibliothek und Jugendzentrum; Beginn des Ausbaus des Wildparks an den Eichen
1963	Einweihung des neuen Mainhafens: »Sprung über den Main«
1964	Städtepartnerschaft mit Châteaudun (Frankreich)
1966	Eröffnung des Theaters der Stadt (Architekt: Erich Schelling)
1971	Fachhochschule Würzburg-Schweinfurt (Hochschule für angewandte Wissenschaften)
1972	Anlage der Stadtteile Haardt und Deutschhof
1974	Bildungszentrum West
1975	Erste Fußgängerzone
1979	Städtepartnerschaft mit Seinäjoki (Finnland)
1979/90	Erstes Sanierungsgebiet »Altstadt – Teilbereich Süd«
1980	Stadtratsbeschluss zur Neuorganisation der Städtischen Sammlungen
1981	Einweihung des neuen Leopoldina-Krankenhauses
1984	Anlage des Stadtteils Eselshöhe
1988	Grünanlage Philosophengang mit Instandsetzung der Stadtbefestigung
1991	Eröffnung der Bibliothek Otto Schäfer (Museum Otto Schäfer – Museum für Buchdruck, Graphik und Kunsthandwerk)
1992/1993	Krise der Großindustrie.
1994	Inbetriebnahme des Gemeinschaftskraftwerks Schweinfurt (GKS).
1998	Umwandlung des Leopoldina Krankenhauses in eine GmbH, erste Firmenansiedlung im Industrie- und Gewerbepark Maintal
2000	Eröffnung des Museums Georg Schäfer
2001	ZF Friedrichshafen erwirbt Mannesmann Sachs; Schäffler übernimmt FAG Kugelfischer
2002	Eröffnung von Konferenzzentrum und Hotel Mercure auf der Maininsel
2005	Eröffnung des sanierten und um eine Schwimmhalle erweiterten Sommerbades als Silvana-Bad
2007	Eröffnung der Stadtbücherei im Ebracher Hof; Abschluss der Sanierungsmaßnahmen an den Unteren Wallanlagen
ab 2008	Beginn der Umgestaltung der Mainlände: Öffnung der Stadt zum Fluss hin
2009	Eröffnung der Kunsthalle Schweinfurt im ehemaligen Ernst-Sachs-Bad, Eröffnung der Stadtgalerie
2011	Umgestaltung des Alten Friedhofes, Einweihung des neuen Campus II der Fachhochschule für angewandte Wissenschaften.
2013	Eröffnung der Parkgarage Kunsthalle, Bayerische Landesausstellung »Main und Meer«, Vorstellung der Pläne zur Errichtung eines i-Campus der Hochschule für angewandte Wissenschaften Würzburg-Schweinfurt
2014	Abzug der US-Army, Planungen zur Konversion

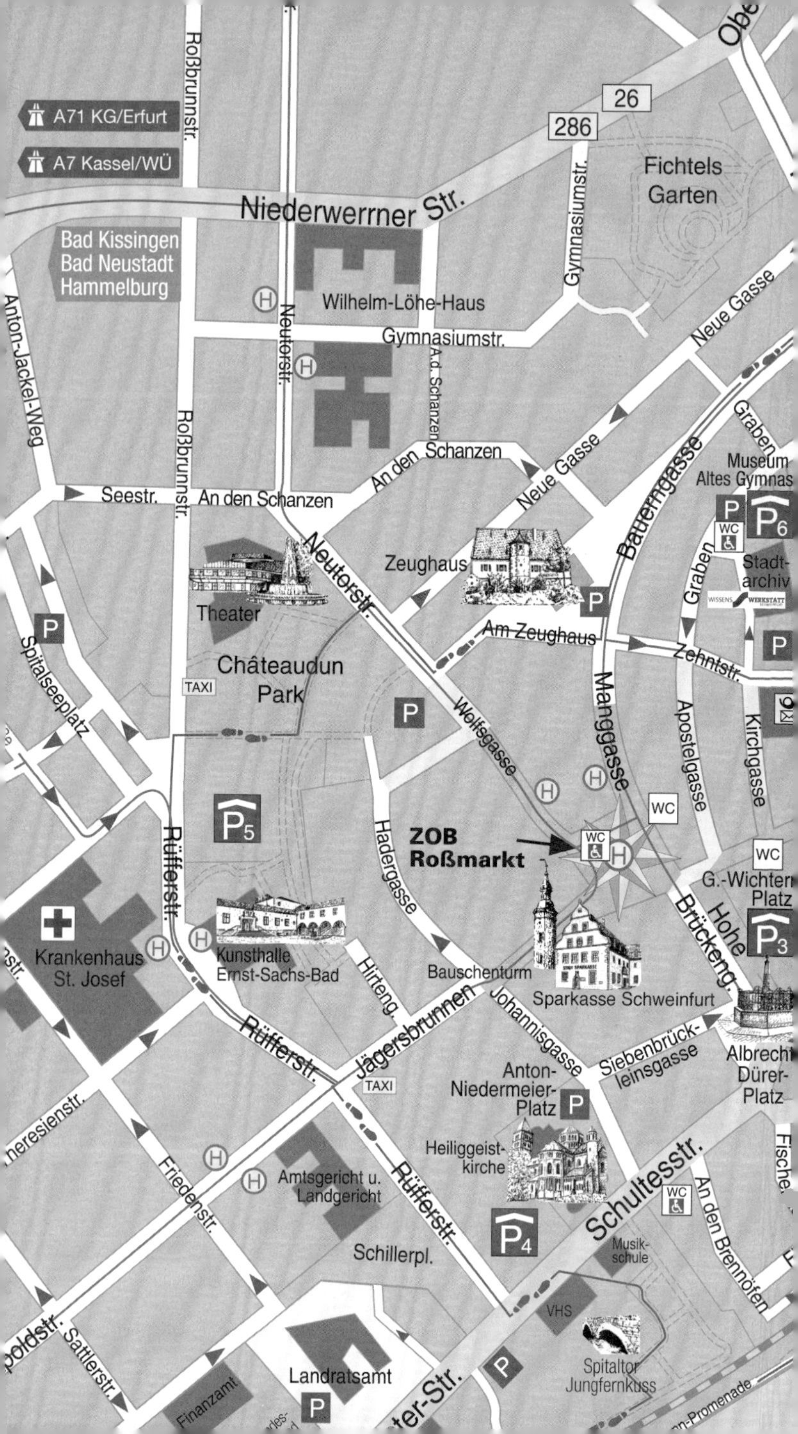

A71 KG/Erfurt
A7 Kassel/WÜ
Bad Kissingen
Bad Neustadt
Hammelburg
26
286
Niederwerrner Str.
Roßbrunnstr.
Fichtels Garten
Gymnasiumstr.
Wilhelm-Löhe-Haus
Neutorstr.
A.d. Schanzen
Anton-Jackel-Weg
Neue Gasse
An den Schanzen
Seestr.
Graben
Museum Altes Gymnas
Bauerngasse
Zeughaus
Theater
Stadt-archiv
Am Zeughaus
Zehntstr.
Châteaudun Park
TAXI
Spitalseeplatz
Wolfsgasse
Manggasse
Apostelgasse
Kirchgasse
WC
ZOB Roßmarkt
Rüfferstr.
Hadergasse
G.-Wichtern Platz
Hohe Brückeng.
Krankenhaus St. Josef
Kunsthalle Ernst-Sachs-Bad
Hirteng.
Bauschenturm
Sparkasse Schweinfurt
Jägersbrunnen
Johannisgasse
Siebenbrückleinsgasse
Albrecht Dürer-Platz
Anton-Niedermeier-Platz
Heiliggeist-kirche
Friedenstr.
Amtsgericht u. Landgericht
Schultesstr.
An den Brennöfen
Schillerpl.
Musik-schule
VHS
Sattlerstr.
Spitaltor Jungfernkuss
Landratsamt
Finanzamt

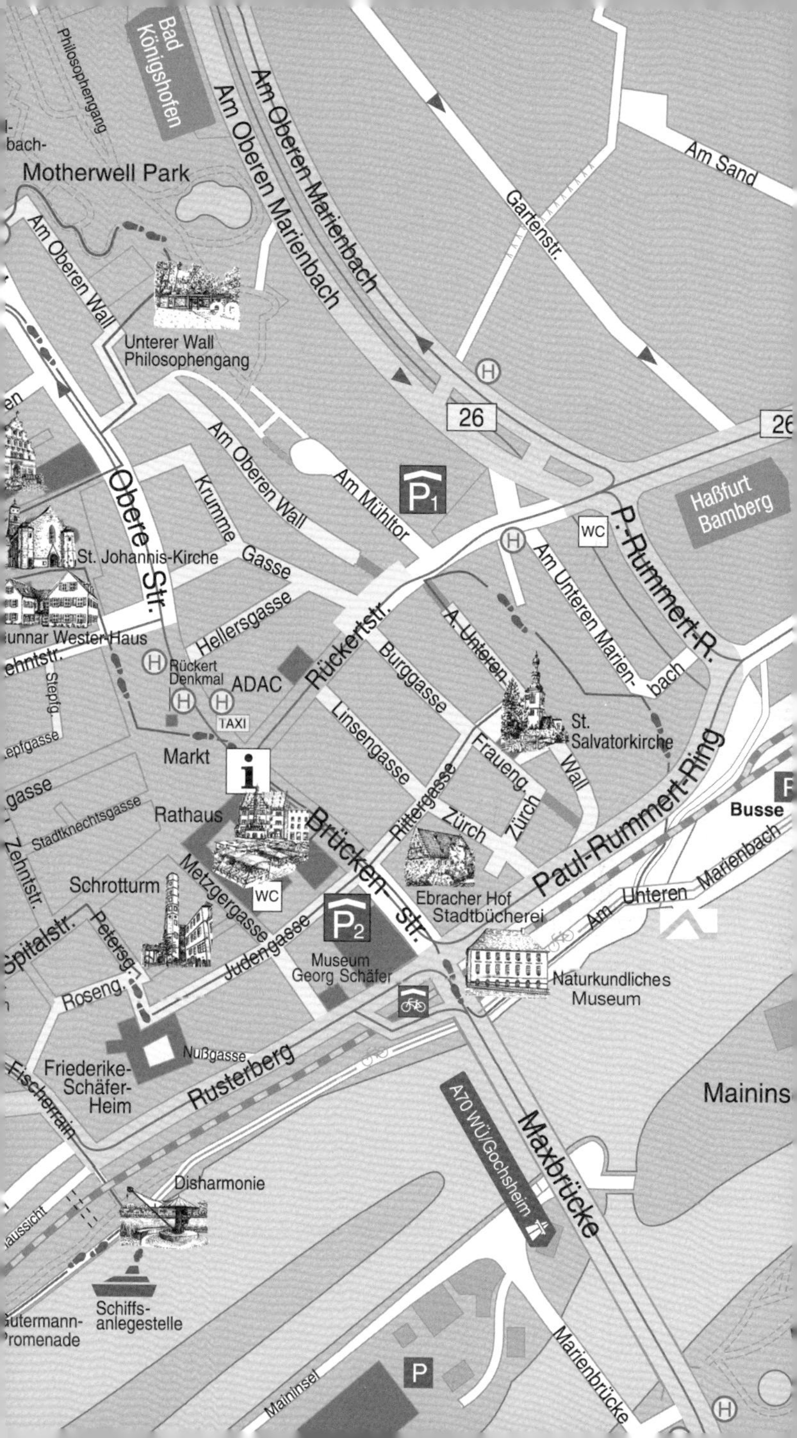

Bad Königshofen
Philosophengang
Motherwell Park
Am Oberen Marienbach
Am Oberen Marienbach
Am Sand
Gartenstr.
Am Oberen Wall
Unterer Wall Philosophengang
26
26
Am Oberen Wall
Am Mühltor
P1
Haßfurt Bamberg
WC
P.-Rummert-R.
Krumme Gasse
Obere Str.
St. Johannis-Kirche
Am Unteren Marien-bach
Gunnar Wester-Haus
Hellersgasse
Rückertstr.
Burggasse
A. Unteren Wall
Rückert Denkmal
ADAC
TAXI
Linsengasse
St. Salvatorkirche
Markt
Fraueng.
Rittergasse
Paul-Rummert-Ring
Rathaus
Stadtknechtsgasse
Zürch
Zürch
Busse
Am Unteren Marienbach
Zehntstr.
Schrotturm
Metzgergasse
WC
Brücken-str.
Ebracher Hof Stadtbücherei
Spitalstr.
Petersg.
Judengasse
P2
Museum Georg Schäfer
Naturkundliches Museum
Roseng.
Nußgasse
Friederike-Schäfer-Heim
Rusterberg
Fischerrain
A70 WÜ/Gochsheim
Maxbrücke
Mainins
Disharmonie
Schiffs-anlegestelle
Gutermann-Promenade
P
Maininsel
Marienbrücke

Register

Ortsregister (Schweinfurt)

Albrecht-Dürer-Platz 63
Alter Friedhof 23, 44, 75
Am Unteren Marienbach 78
Amerika-Haus 115
Apostelgasse 45
Apostelhaus 45
Askren Manor 129
Balthasar-Neumann-Polytechnikum 123, 134
Basteiturm 31, 61
Bellevue 50, 59, 77
Bergl 114, 123, 131, 134
Bethaus 79
Bleiweißmühle 50
Böckleinsinsel 66
Brauhaus 43, 132
Brückenstraße 135
Bürgerhof 43
Bürgerscheuer 43
Burggasse 40
Centralbahnhof s. Hauptbahnhof
Centrum (Gebäude) 127
Conn Barracks 129
Cramerstraße 74, 128
Deutschhof 123, 135
Deutschhöfer Straße 92
Dianenlust 79
Disharmonie (Kulturbühne) 130
Ebracher Hof 137, 144
Ernst-Sachs-Bad 115, 144
Ernst-Sachs-Straße 89, 103
Erste Halbe Stadt (Stadtteil) 35
Erster Teil Anger (Stadtteil) 35
Eselshöhe (Stadtteil) 124
Evang. Gemeindehaus 97
Fachhochschule 123, 134, 147
Fischerrain (Stadtteil) 11, 35
Fleischbänke 72
Freibänke 50
Friedhof 23, 44, 73, 75
Friedhofstraße 90
Friedrich-Ebert-Straße 115
Friedrich-Rückert-Bau 130
Friedrichstraße 92
Galgenleite 97
Gartenstraße 73
Gasfabrik 72, 79, 126
Gasthof zum Raben 60
Gesundheitspark 144
Gründerzeitviertel 90, 92, 111, 145
Haardt 17, 50, 123
Hafen 126f.
Hahnenhügel 95
Hahnenhügelbrücke 125
Harmonie-Gebäude 68, 75, 78
Hauptbahnhof 73, 84, 89, 92, 96
Hauptzollamt 137
Haus Marienthal 72, 81
Heinrichstraße 92
Hirtengasse 72
Hochfeld 123
Hochschule für Angewandte Wissenschaften s. Fachhochschule
Höllenbach 9
Jägersbrunnen 24
Judengasse 89
Justizgebäude/Justizpalast 72, 79, 131
Karmeliterorden, -kloster 23, 29, 40
Kasernen 106, 129, 132
Kiliansberg 20, 90
Kilianskapelle 20, 90
Kindererholungsheim 97
Kirchen
  Auferstehungskirche 123, 134
  Christkönig 123
  Christuskirche 123
  Dreieinigkeit 123
  Gustav Adolf 97, 115
  Heilig-Geist-Kirche 23
  Kreuzkirche 24
  Maria Hilf 115
  St. Anton 115, 133
  St. Johannis 12, 19ff., 23, 27, 63, 97, 132
  St. Josef 133, 97
  St. Kilian 20, 97, 132f.
  St. Maximilian-Kolbe 123
  St. Michael 123
  St. Nikolaus 23
  St. Peter und Paul 123
  St. Salvator 21, 23, 45, 53, 63, 123
Kirchgasse 64
Kirchplatz 72
Klingenbrunnstraße 132
Kolpinghaus 97
Konferenzzentrum Maininsel 144
Krankenhaus (Städt. / St. Josefs-) 90, 97, 130, 135, 145
Kugelfischer-Saal 115
Kunsthalle 136ff., 144, 156

Kunstmühle 66, 79
Landgericht 13, 58, 65
Landwehrstraße 90, 96
Ledward-Barracks 129
Leinritt 67
Ludwigs-Brunnen 78
Ludwigstraße 92
Ludwigs-West-Bahn 79
Luitpoldstraße 73
Madenhausen 14f., 65
Mahnmal I. Weltkrieg 132
Mainbrücke 66f.
Maininsel 136, 144
Mainlände 145
Mainmühle 79
Maintal (Gewerbegebiet) 141, 144
Maria-Theresia-Heim 138
Marienbach 9, 11f., 62, 68, 72, 78, 80f., 126
Marienbachtal 73
Marienbrücke 111
Marienstift 135
Markgräfliche Burg 11, 20
Markt 34f., 42, 60, 64, 66, 76, 81f., 86ff., 91, 99, 127
Marktbrünnle 135
Marktplatz 52, 75, 79, 80f., 94, 135, 142
Martin-Luther-Platz 43, 135
Maxbrücke 91, 132, 72
Metzgergasse 44
Monte Schuttino 113
Moscheen 128
Mühle 66, 87
Mühltor 42
Museum Altes Gymnasium 20, 63
Museum Georg Schäfer 136f., 144
Museum Otto Schäfer 137
Musikerviertel 114, 123
Neutorstraße 67. 73
Niederwerrner Straße 97
Obere Straße 81
Oberer Marienbach 72, 79, 81
Oberndorf, Ortsteil 14, 24, 29, 50, 58, 63, 65, 67, 73f., 77, 96, 111, 133, 145f.
Obertor 67, 74, 98, 126, 145
Petersgasse 44
Peterstirn 9ff., 20
Postgebäude 72
Rathaus 31, 40ff., 52, 59, 63, 93f. 115, 126, 134
Reichsburg 11, 23
Reichsvogtei 27, 31, 40, 43, 45
Rittergasse 23
Robert-Koch-Straße 97
Roßmarkt 40, 44f., 70f., 91, 110
Rückert-Denkmal 80
Rückertstraße 126
Rüfferhaus 66
Rüfferstraße 138
Saalbau 74, 98
Schillerplatz 79, 115
Schleuse 91, 125f.
Schopperhaus 44
Schrammstraße 84f., 87, 89, 119
Schranne 43
Schreinerei (Jugendzentrum) 130
Schrotturm 44, 127
Schulen
  Albert-Schweitzer-Schule 123, 134
  Alexander-von-Humboldt-Gymnasium 123
  (Altes) Gymnasium 20, 31, 36, 43, 45, 52f., 58, 63, 69, 73, 104
  Auenschule 134
  Berufsschule 73, 113
  Celtis-Gymnasium 123
  Dr. Pfeiffer-Schule 123
  Friedenschule 132
  Gartenstadtschule 123
  Gewerbeschule 69, 72, 79
  Goetheschule 97, 112
  Hans-Schemm-Schule 116
  Höhere Bürgerschule 53, 58, 69
  Höhere Töchterschule 73
  Kerschensteinerschule 123
  Knabenschule 72
  Körnerschule 91
  Landwirtschaftsschule 97
  Lateinschule 31, 36, 53
  Ludwigschule 91
  Olympia-Morata-Gymnasium 134
  Realschule 72, 124
  Rückert-Grundschule 79
  Schillerschule 106
  Schwimmschule 73
  Steinwegschule 73
  Walther-Rathenau-Gymnasium 123
Schultesstraße 23, 126
Schütthaus 43
Schützenhalle 92
Siebenbrückleinsgasse 74
Silvana-Schwimmbad 130
SKF-Bürohochhaus 120, 123, 134
Sofa (Jugendzentrum) 130
Sommerbad 130
Sparkasse 43, 68, 145
Spinnmühle 79, 82, 87, 91, 126
Spital 17, 23, 66, 72, 79
Spitaltor 31, 61f., 79
Spitalstraße 98, 126, 131
Stadtarchiv 130, 154, 155
Stadtbahnhof 80
Stadtbücherei 23, 137, 144
Stadthalle 115

Stadtschreiberhaus 43ff.
Stattbahnhof (Jugendzentrum) 130
Steinberg (Stadtteil) 123
Synagoge 24, 74, 133
Theater 74, 115, 130, 134f.
Theilberg 78
Theresienstraße 92, 134
Ultramarinfabrik 75, 121
Unterer Anger (Stadtteil) 43
Vier-Röhren-Brunnen 63
Visieramt 43
Volkshochschule 115, 130
Wasserturm 114, 131
Wehranlage 50, 130
Weinberge 68
Weipoltshausen 14, 58, 65
Weißer Turm 61, 77
Wenkheimer Gässchen 43
Wildpark 130
Wilhelmstraße 90, 92
Willy-Sachs-Stadion 106f., 132
Yorktown 129
Zehntscheune 23
Zehntstraße 45
Zell 14, 58, 65
Zeughaus 20, 31, 43, 66, 82, 91, 113
Zoo 73
Zuckerfabrik 66
Zürch 135
Zwangsarbeiter-Denkmal 133
Zweite Halbe Stadt (Stadtteil) 35
Zweiter Teil Anger (Stadtteil) 35

Ortsregister (allgemein)

Arnstein 30
Aschaffenburg 59, 79, 117, 153
Augsburg 26f., 29, 32, 76, 118, 147, 149
Baden 70
Bamberg 30, 32, 44, 67, 79f., 125, 135, 151
Bayern 7f., 46, 57ff., 64ff., 70, 95, 98, 106, 118, 131, 136, 147, 150, 153ff.
Bayreuth 55
Benelux 66
Berlin 51, 87, 91, 99, 102, 125, 137
Bodensee 19
Bonn 141
Brügge 19
Brüssel 30
Castell 63
Charlemont (Givet), franz. Festung 55, 153
Châteaudun 130
Coburg 45, 51
Dachau 104, 107
Dingolfing 149
Ebrach 23, 137, 144
Eichstätt, Hochstift 10
Eltmann 111
Erfurt 11, 125
Erlangen 51, 149
Eschenau 133
Ferrara 36
Flandern 19
Franken 22, 30, 49, 53ff., 70, 108, 110, 153ff.
Frankfurt a. M. 26, 35, 50, 70, 81, 135
Friedrichshafen 141, 143, 146
Fulda 9, 32, 125
Fürth 94, 106, 147, 153
Geldersheim 30
Gent 19
Gerolzhofen 67
Givet s. Charlemont
Gochsheim 65, 127
Göteborg 99, 103, 119, 121, 143
Grabfeld 119
Grafenrheinfeld, KKW 126
Hagenau 26
Halle (Saale) 37, 41f., 153f.
Hamburg 50
Hammelburg 32, 112
Hannover 138
Haßfurt 9, 95
Haßgau 119
Heidelberg 36
Heiligenthal 23
Herzogenaurach 121, 141, 143
Hildburghausen 54, 67
Hof i. Bay. 76, 147
Ingolstadt 25, 149
Jena 51
Karlsruhe 134
Kassel 65
Kettwig-Ruhr 134
Kissingen 73, 97
Kitzingen 33, 68, 119
Kleinrinderfeld 135
Köln 25, 67
Königsberg i. Fr. 135
Königshofen a. d. Tauber 25, 67
Krefeld 99
Lancaster / USA 87
Landshut 135
Lechfeld 19
Leipzig 35, 154, 155
London 37
Lunéville 56
Madenhausen 14f., 58, 65
Main-Rhön, Planungsregion 123, 131
Mainberg 25f., 65ff., 77f.
Maria Bildhausen, Kloster 25
Meiningen 73

Motherwell/Whishaw 130
München 77f., 81, 94ff., 106, 118, 131, 134f., 149, 153ff.
Münnerstadt 25
Münster 40
Neckarzimmern 111
Neuses (bei Coburg) 51
Neuss 18
New York 135
Niederwerrn 50, 77
Nördlingen 39
North Larnakshire 130
Nürnberg 11, 18, 20, 26f., 30f., 35, 40, 46, 50, 54, 63, 76, 94, 106, 118, 125, 134, 147, 149
Ochsenfurt 9
Ost- und Westpreußen 114
Osnabrück 40
Paris 37, 59
Pommern 114
Prag 11
Preußen 47, 55, 81
Regensburg 27, 46
Reiterswiesen 95
Rhön 119
Ried 59
Riedenheim 138
Rom 18, 51, 70
Roßbach 47
Rothenburg ob der Tauber 46, 151
Rudolstadt 54
Ruhrgebiet 143
Rütschenhausen 125
Sachsen 50, 91
Schlesien 114
Schloss Mainberg 25, 66, 77, 153
Schönbrunn 59
Schonungen 65, 73
Schweden 50
Seinäjoki 130
Sennfeld 30, 65
Spessart 11
Stadtlauringen 30, 51
Stalingrad 108
Steigerwald 119
Stuttgart 51, 81, 125, 137
Stuttgart-Cannstatt 99, 103
Sudetenland 114
Sulzdorf b. Ochsenfurt 25
Tauberbischofsheim 70
Thüringen 91
Thüringerwald 11
Tschirnitz / Eger 87
Ulm 61f.
Unterdonaukreis 59
Unterfranken, Regierungsbezirk 35, 60, 94, 117, 153
Untermain 11
Untermainkreis 60
Weipoltshausen 14, 58, 65
Weißenburg 46
Werneck 62, 107, 125
Werntal 11, 119
Wien 26, 46, 51, 60
Wiesentheid 67, 125
Windsheim 46
Wolfsburg 117
Worms 18, 26
Würzburg 13, 25f., 30, 35, 39, 43, 50f., 59, 61, 67, 73, 94, 117, 123, 125, 131, 133f., 151
Zell 14, 58, 65
Zürich 79

Personen und Firmen

Albrecht II. Alcibiades v. Brandenburg-Kulmbach, Markgf. 30f.
Albrecht v. Bayern-München, Hzg. 19
Andechs-Meranier, Hochadelsgeschlecht 12
Angerer, Fred, Architekt 134
Apel, Albert, Büttner 15
Bach, Unternehmer 66
Bacher, Gideon, Baumeister 61f.
Balthasar v. Dernbach, Fürstabt v. Fulda 32
Bamberger Symphoniker 115
Barthel, Hermann, Unternehmer 89, 100f.
Bauer, Andreas, NS-Widerstandskämpfer 108
Bauer, Steff, Bildhauerin 135
Bausch, Johann Laurentius, Stadtphysikus, Gründer der Leopoldina 27, 37, 39f.
Bausch, Dr. Leonhard, Stadtphysikus 44
Bayerische Schuhfabrik s. Heimann
Berg, Eduard v., Kaufmann 77f.
Beringer, Maurermeister 63
Bismarck, Otto v. 75
Bonatz, Paul, Architekt 103, 132
Bonzeltius, Johann Carl, Magistratsrat 61
Braun, Valentin, Schneider 15
Braunschweig, Hzg. v. 30
Bretislav, Hzg. v. Böhmen 11
Bruno, Fioretti, Marquez, Architekturbüro 137
Bundschuh, Johann Kaspar, Oberpfr. u. Aufklärer 49, 53ff., 153
Carus, Carl Gustav, Präs. der Leopoldina 37
Celtis, Konrad, Humanist 36
Clobes, Carl, Maler 43
Cramer, Schweinfurter Familie 56, 66, 77
Curione, Caelio Secundo, Humanist 31
Cuspinian, Johannes, Humanist 9, 36
Dahmen, Karl Fred, Maler 134

Danner, Mechaniker 79
Daug, Anton, Baumeister 78
Dell d. J., Peter, Bildhauer 23
Deutsche Gelatinefabrik 75, 121
Deutsche Gußstahlkugelfabrik s. Fries & Höpflinger
Deutsche Star Kugelhalter GmbH 87
Dittmar, Heinrich („Heini") 106
DKFL, Kugellagerfabrik 139
Drollinger, Eugen, Architekt 131
Dübbers, Kurt, Architekt 132
Dürbig, Johann Michael, Magistratsrat 61
Dürer, Albrecht, Künstler 137
Endres, Peter Friedrich Christian, evang. Dekan 77
Eila v. Schweinfurt, Mutter des Hezilo 10f.
Eisner, Kurt, bayer. Min.Präs. 94f.
Emmert, Dr. Friedrich, Pfr. 74
Erlöserschwestern 91, 97
Erste Automatische Gußstahlkugelfabrik s. FAG Kugelfischer
Fabri, Wilhelm, ev. Dekan 105
FAG Kugelfischer 89, 99, 120, 122, 133, 139–142, 146, 149
Fehr, Dr. Johann Michael, Mitbegründer u. Präs. der Leopoldina, Reichsvogt 37
Fehr, Johann Philipp 44
Feigenbaum, Dr. Johann, kath. Pfr. 27
Ferdinand III. v. Habsburg-Toskana, Großhzg. v. Würzburg 59
Fichtel & Sachs 84–89, 99–102, 104, 116, 118, 120ff., 129, 132, 139, 146
Fichtel, Johann Christoph, Bürgerm. 61
Fichtel, Karl 84, 100
Fick, Roderich, Architekt 97, 137
Fischer, Friedrich 81ff., 86, 87, 89, 151
Fischer, Theodor, Architekt u. Städteplaner 97, 132
Franz II., Kaiser 59
Fresenius-Werk 142
Frey, Hermann, Superintendent 37
Friedrich I. Barbarossa, Ks. 11
Fries & Höpflinger 83ff., 87, 89, 99f.
Fries, Engelbert 82, 84f., 87
Fuchs, Georg, Ratsherr u. Bürgerm. 40
Gabelmann, Peter, Steinmetz 43
Gademann, Christoph Friedrich, Fabrikant 78
Gademann, Johann Georg, Fabrikant 50, 56
Ganzenmüller, Theodor, Ingenieur 131
Geiger, Conrad, Maler 63
Geyer, Ludwig („Lubber") 106
Gindele, Georg, Stadtbaum. 71, 79
Glöckle, Bauunternehmen 90
Goebbels, Joseph 108
Görig, Alfred, Bildhauer 135
Göring, Hermann 106
Grieser, Gudrun, OB v. Schweinfurt 143ff.
Grundler, Andreas, Stadtphysikus 36
Gulbransson, Olaf Andreas, Architekt 134
Gustav Adolf, Kg. v. Schweden 39, 45, 97, 115
Hammer Purgstall, Joseph v. 51
Heimann, Schuhfabrik 74, 101
Heinrich II., Ks. 10f.
Helferich, Hans 105, 113
Henneberg-Schleusingen, Gf. v. 12, 15, 25
Hercules-Werke 121
Hezilo (Heinrich), Markgf. v. Schweinfurt 10f.
Hierling, Joseph, Kunstsammler 137
Hiltrih, Grundbesitzer 9
Himmler, Heinrich 106
Hirsch, Unternehmer 66
Hitler, Adolf, Diktator 98, 102ff., 111
Höchst, Chemie-Konzern 76
Högner, Wilhelm, bayer. Min.Präs. 116
Höpflinger, Wilhelm 81ff., 151
Hofmann, Johannes, bayer. Min.Präs. 95
Hofmann, Nikolaus, Baumeister 31, 41f.
Hornig, Donatus, Bildhauer 42
Horst, Philipp, Steinmetz 15
Humboldt, Alexander v., Naturforscher 123
Husqvarna-Meister 139
INA Wälzlagerhersteller 141
Jekutiel, Rabbiner 24
Joachim & Sohn, Fabrik 101
Juden 30, 58, 73f., 98, 107
Judith v. Schweinfurt, Tochter des Hezilo 11
Julius Echter, Würzburger Fürstbf. 32f., 35, 43
Kaidel, Willi („Bubi") 106
Karl d. Kühne, Hzg. v. Burgund 18
Karl V., dt. Ks. 24, 26f., 29, 30
Karl VI., dt. Ks. 46
Kaufmann, Kunz, Häcker 15
Ki[e]ßling, Hans, Gründer des Spitals zum Hl. Geist 23
Kirchner, Gustl G., Maler 134
Kitzinger, Albin 106
Kleinlein, Norbert, Maler 135
Klenze, Leo v., Architekt 78
Koch, Joachim, Bildhauer 135
Koenig, Fritz, Bildhauer 135
Köhler, Dr. Max, Rabbiner 107
Kollmann, Theodor, Architekt 131
Kornacher, Andreas Friedrich, Zeichenlehrer u. Photograph 10, 78f.
Kramer, Kaspar, Steinmetz u. Baumeister 43
Kraus, Unternehmer 66
Kubitza, August, Architekt 134
Kuhn, Waldemar, Bildhauer 135, 138

Kupfer, Andreas („Ander“) 106
Kusel, Jude 73
Lambrecht, Hans, Steinmetz 42
Lebküchner, Johann Caspar, Magistratsrat 61
Lebrecht, Dr. Mayer, Rabbiner 74
Leipold, Anton, Architekt 131
Leopold I., Kaiser 37, 154
Lieblein, Jacob, Architekt 81
Lill, Fritz, Architekt 133
Lollus, heidnischer Götze 9f.
Ludwig I., Kg. v. Bayern 78
Ludwig III., Kg. v. Bayern 92
Ludwig XIV., Kg. v. Frankreich 46
Luther, Martin, Reformator 26, 28f., 36
Malczyk, Sofia 111
Markgrafen v. Schweinfurt, Geschlecht 9, 24
Marie, bayer. Kgin. 81
Maßbach, Eberhard v. 23
Matschinsky-Denninghoff, Brigitte, Künstlerin 136
Matschinksy-Denninghoff, Martin, Künstler 136
Matthias Corvinus, Kg. v. Ungarn 19
Maximilian I. (IV.) Joseph, Kg. (Kurfst.) v. Bayern 56
Mehler, Herbert, Künstler 138
Meistermann, Georg, Maler 132, 133
Melanchthon, Philipp, Reformator 26
Menzel, Adolph, Maler 136
Merck, Unternehmer 66
Merkle, Dr. Benno, OB von Schweinfurt 96, 98, 104
Metternich, Klemens Wenzel, Fürst, österr. Staatsmann 58
Metzger, Dr. Georg Balthasar, Mitbegründer der Leopoldina 37
Meyer, Hans Anton, Architekt 134
Miller, Oskar v. 91
Molitor, Adam, bay. Hof- u. Regierungsrat 57
Montgelas, Maximilian Joseph, Gf., bayer. Min. 58
Morata, Olympia Fulvia, Humanistin 31, 36, 135, 154
Moyses, Michel 73
Münster, Sebastian, Humanist 36
Nagel, Franz, Maler 133/134
Napoleon I., Ks. v. Frankreich 59, 66, 77
Neithard v. Thüngen, Bf. v. Bamberg 32
Neukirchen, Karl Josef 140
Neureuther, Gottfried, Architekt 79
Ofner, Georg, Prior des Karmelitenklosters 23
Pertsch, Johann Nepomuk v., Oberbaurat 78
Petreius, Johann, Drucker 27
Petzold, Kurt, OB v. Schweinfurt 122f., 143
Philipp v. Hessen, Landgf. 27
Pohl, Unternehmer 66
Pommer, Reinhold 129
Pösl, Ludwig, OB v. Schweinfurt 98, 104, 106, 112
Prückner, Dr. Paulus, Ratsadvokat 37, 154
Raßdörfer, Johann Philipp, Rektor des Gymnasiums 52
Rauscher, Hieronymus, Diakon 29
Reuter, Martin Wilhelm, Magistratsrat 61
Rhein-Main-Donau AG 126
Rhenanus, Beatus, Humanist 9
Riedel, Bauunternehmen 90
Riemenschneider, Tilman, Bildhauer 23, 77
Ropertz, Peter, Architekt 137
Rucker, Cunz, Stifter 22
Rucker, Friedrich, Stifter 22
Rückert, Friedrich, Dichter u. Orientalist 51ff., 68, 75, 80f., 154
Rückert, Johann Adam, Amtmann 51
Rückert, Maria Barbara, geb. Schoppach 51
Rudolf I. v. Habsburg, Kg. 12
Rudolf, Klaus, Häcker 15
Ruemann, Wilhelm v., Bildhauer 81
Rüffer, Dr. Antoni, Jurist 37/38
Rüffer, Balthasar (II.) d. Ä., Würzburger Handelsherr u. Bürgerm. 33, 43ff., 155
Rüffer, Balthasar (III.), Reichsvogt 33f.
Rumpel, Norbert 129
Ruß, Friedrich Wilhelm 65
Sachs, Ernst, Industrieller 84, 87, 97, 100, 118, 137f., 151
Sachs, Ernst Wilhelm, Industrieller 120
Sachs, Industriellenfam. 121, 151
Sachs, Fritz Gunter, Industriellenerbe 139
Sachs, Willy, Industrieller 102, 106, 117, 121
Säckler, Josef, MdL 94
Saffert, Erich, Archivar 32, 155
Sattler, Catharina, Kunstsammlerin 78
Sattler, Familie/Farbenfabrik 68, 71, 76, 101
Sattler, Georg Carl Gottlieb, Unternehmer 81
Sattler, Jens, Fabrikant 79
Sattler, Johann Ernst, Maler 81
Sattler, Karl 11
Sattler, Susette 79
Sattler, Wilhelm, Fabrikant u. Kunstsammler 50, 64ff., 77
Sattler, Wilhelm jun. 70f.
Schädel, Hans, Dombaumeister 132f.
Schäfer, Industriellenfam. 121, 140, 152
Schäfer, Georg (I), Unternehmer u. Kunstsammler 87, 89

Schäfer, Georg (II), Unternehmer u. Kunstsammler 100f., 115ff., 120f., 136f., 151
Schäfer, Otto, Unternehmer u. Kunstsammler 117, 137, 155
Schäfer, Otto G., Unternehmer u. Kunstsammler 138
Schäffler, Familie/Konzern 122, 141, 143, 149
Scheffelmann, Kaspar, Maler 42
Scheffer, Heinrich, Bildhauer 52, 81
Scheffer, Ludwig, Ratsmitglied 27
Schelling, Erich, Architekt 133ff.
Schmidt, Johann Martin, Bleiweißfabrikant 50
Schneider, Hartwig N., Architekt 137
Schömig, Hans 129
Schön, Dr. Ignaz, OB v. Schweinfurt 113, 122
Schopper, Johann 44
Schultes, Carl (v.), Bgm. 72, 74, 76
Schumacher, Kurt, SPD-Vorsitzender 116
Schwarz, Georg, MdL, MdR 104
Schwerdtfeger, Stefan, Künstler 138
Seinsheim, Konrad v., Reichsvogt 23
Sengelaub, Peter, Baumeister 45
Seyffert, Karl Friedrich, Oberleutnant 56
Shimano 88
Siebenson, Michael, Maurermeister 78, 90
Sieber, Nikolaus, Steinmetz 43
Siemens 151
Silberstein & Neumann, Schuhfabrik 74, 101
Sinapius, Johann, Humanist 36
SKF 86, 99, 100, 102, 119f., 123, 134, 139, 141, 143, 150f.
Soldmann, Fritz, MdR 95f., 104, 112
Söldner, Wilhelm, Bgm. 89, 94f.
Söller, Heinrich, Bildhauer 135
Sonderring Wälzlager 111
Spalatin, Georg, sächs. Hofprediger u. Reformator 26
Speer, Albert 111
Spitzweg, Carl, Maler 136
Sprenger, Nicolaus, Ratsmitglied 27
Staab, Volker, Architekt 136
Stein, Dr. Salomon, Rabbiner 74
Steinbrenner, Hans, Bildhauer 135
Stepf, Johann Philipp, Kaufmann 66, 77, 79
Stoffers, Otto, OB v. Schweinfurt 112
Stolle, Unternehmer 66
Stössel, Johann Adam Philipp, Maler 63
Sturmey & Archer, brit. Nabenhersteller 88
Sutellius, Johannes, Superintendent 27, 29
Tagblatt (Zeitung) 75, 98, 100, 104, 106, 113
Tauber, Maurermeister 80
Thiersch, Friedrich Ritter v., Architekt 81
Thoma, Hans, Maler 81
Traub, Günter 129
Truchseß v. Wetzhausen, Christian 51
Ultsch, Albert, Bildhauer 135
Vereinigte Kugellagerfabrikens. SKF
Vestner, Georg Wilhelm, Medailleur 63
Vogel Fensterbau 139
Vogt, Johann Georg, Silberschmied 63
Voit, Johann Benedikt, Kunstschreiner und Maler 63
Voit, Johann Christian, Schrotfabrikant 44
Voit, Johann Peter, Oberpfr. 53f.
Vollert, Peter, Bildhauer 135
Vratislav, Kg. v. Böhmen 11
Vries, Herman de, Künstler 133
Waldmüller, Ferdinand Georg, Maler 136
Wallenstein, Albrecht v., Feldherr 39
Weidling, Wilhelm, NS-Kreisleiter 105
Weiß, Carl, Kunstgärtner 80
Wenkheim, Margaretha v. 23
Werner, Hans, Bildhauer 44
Wester, Gunnar 119
Wichtermann, Georg, OB v. Schweinfurt 122f., 143
Wiener, Ludwig 109
Wiener, Robert 129
Wilhelm II., dt. Kaiser 92
Wilhelm V. v. Henneberg, Gf., Schutzherr u. Reichsvogt 15, 25
Wirsing, Johann Heinrich, Weinhändler u. Stadtchronist 57f., 66
Wohlfarth, Dr. Georg Balthasar, Mitbegründer der Leopoldina 37
Woita, Nikolaus, Architekt 134
Wolf, Friedrich Wilhelm, Unternehmer 77
Wolfskeel, Eberhard 23
Wrangel, Karl Gustav, schwed. Generalfeldmarschall 39f.
Wüstenfeld, Adolph, Zuckerfabrikant 56, 66
ZF Friedrichshafen 141, 143, 147, 149
Ziegler, Edi 129
Ziegler, Günther 129
Zirkelbach, Günther, Graphiker u. Maler 134
Zweirad-Union-Werke 121